希望の世紀へ

Toward a Century of Hope - The Light of Education

教育の光

池田大作

DAISAKU IKEDA
President,Soka Gakkai International

鳳書院

著者と香峰子夫人

ライナス・ポーリング博士と会見
（1993年1月29日　アメリカのクレアモント・マッケナ大学で講演の折）

モスクワ大学のヴィクトル・A・サドーヴニチィ総長と会見
（2002年6月8日　東京牧口記念会館）

序にかえて——折々の詩から

「教育《きょういく》」は
人生《じんせい》の光《ひかり》だ。
「平和《へいわ》」は
幸福《こうふく》の土台《どだい》だ。
そして「文化《ぶんか》」は
剣《つるぎ》のない
人間《にんげん》の夢《ゆめ》の国《くに》だ。

あの高慢《こうまん》な
そして
互《たが》いに侮《あなど》り合《あ》った
時代《じだい》が続《つづ》く限《かぎ》り
世界《せかい》は混乱《こんらん》だ。
平和《へいわ》な世界はない。

新《あたら》しき夜明《よあ》けのない
憎《にく》しみと反発《はんぱつ》と
陰謀《いんぼう》の繰《く》り返《かえ》しの間《あいだ》に
人間《にんげん》たちは
震《ふる》えている生贄《いけにえ》の
羊《ひつじ》のようだ。

人間《にんげん》が人間として
幸福《こうふく》と平和《へいわ》に暮《く》らしゆける
不滅《ふめつ》の祝福《しゅくふく》の時代《じだい》は
いつ来《く》るのか。

それが

全世界《ぜんせかい》の人々《ひとびと》の
祈《いの》りであり
願《ねが》いであり
悲痛《ひつう》な叫《さけ》びである。

君《きみ》よ！
自《みずか》らも幸福《こうふく》になり
人々も幸福にするために
大《おお》いに学問《がくもん》すべきである。
英知《えいち》を磨《みが》くことだ。

心《こころ》すべきは人間性《にんげんせい》。
生命《せいめい》の目的《もくてき》
人生《じんせい》の目的という

骨格《こっかく》の哲学《てつがく》。

自身《じしん》の知的資源《ちてきしげん》と
生涯《しょうがい》にわたる
生命の資源を

思《おも》う存分《ぞんぶん》
溢《あふ》れんばかりに
発揮《はっき》していくのだ。

前世紀的《ぜんせいきてき》な文明《ぶんめい》の歩《あゆ》みを
繰《く》り返《かえ》してはならない。
巨大《きょだい》なる
哲学的理念《りねん》の大道《だいどう》を
新《あたら》しい心をもって

歩《あゆ》むことだ。

君《きみ》よ
衰弱《すいじゃく》しゆく精神《せいしん》を
最良《さいりょう》の健康的《けんこうてき》な魂《たましい》に
創《つく》り上《あ》げるのだ。

いかなる変則《へんそく》な
社会《しゃかい》の攻防《こうぼう》や
変動《へんどう》があっても
溌剌《はつらつ》とした
明白《めいはく》な事実《じじつ》の知的判断《はんだん》を
持《も》ちながら
勝利に満《み》ち満ちた

自身《じしん》を創《つく》るのだ。

思想《しそう》や意見《いけん》の違《ちが》った
人々《ひとびと》がいても
多《おお》くの異文化《いぶんか》の人々がいても
人類《じんるい》の平和《へいわ》への
大進歩《だいしんぽ》のためには
すべてを否定的《ひていてき》に
反響《はんきょう》するものではなく
肯定的《こうていてき》に結《むす》び合《あ》い
人間としての
結合《けつごう》の決定《けってい》を下《くだ》す
重要《じゅうよう》な時代《じだい》に入《はい》ったのだ。

そこに
楽《たの》しみがある。
幸福《こうふく》がある。
友愛《ゆうあい》がある。

人間が人間として
平等《びょうどう》に生《い》きゆく
勝利の生命の
独立宣言《どくりつせんげん》の世界《せかい》が
できあがるからだ。

絶対《ぜったい》に
人《ひと》を殺《ころ》してはならない。
自分《じぶん》も死《し》んではならない。
生《い》き抜《ぬ》き
自身《じしん》を革命しながら
一家《いっか》を革命しながら
そして世界を変革《へんかく》しながら
断《だん》じて勝《か》っていかねばならない。

君には
喜《よろこ》びも苦痛《くつう》も戦《たたか》いも
人間苦《にんげんく》の騒々《そうぞう》しい社会《しゃかい》にあって
常《つね》に夢《ゆめ》の国《くに》に変《か》え
おとぎの国に変えゆく
不思議《ふしぎ》な
喜々《きき》とした胸中《きょうちゅう》の
尽《つ》きぬ力《ちから》がある。

教育《きょういく》とは
人間と人間が織《お》りなす
最《もっと》も美《うつく》しき詩《し》であり
最も深《ふか》き智慧《ちえ》と知識《ちしき》を
薫発《くんぱつ》させゆく聖業《せいぎょう》である。

教育が奏《かな》でゆく
師弟愛《していあい》の調《しら》べは
未来《みらい》を明《あか》るく
そして明るく育《はぐく》む
人間の勝利の
凱歌《がいか》の曲《きょく》である。

希望の世紀へ――教育の光●目　次

第三章　教育は聖業

第四章　世界市民を育む

第五章　価値創造の教育を求めて

装幀・阿部元和
本文デザイン・森本和子
写真提供・聖教新聞社

第一章　教育の世紀

「教育のための社会」目指して

二十一世紀と教育「私の所感」

人間《にんげん》は、広《ひろ》い意味《いみ》での「教育《きょういく》」によって「人間」と成《な》る存在《そんざい》である。この「教育」という重大《じゅうだい》な使命《しめい》と責任《せきにん》を見失《みうしな》った社会《しゃかい》に、明《あか》るい未来《みらい》は開《ひら》けない。

今《いま》、不登校《ふとうこう》やいじめ、学級崩壊《がっきゅうほうかい》などの問題《もんだい》をはじめ、犯罪《はんざい》の低年齢化《ていねんれいか》が深刻《しんこく》な社会問題となる中で、教育をめぐる改革論議《かいかくろんぎ》が高まっている。

教育を最優先《さいゆうせん》の国民的課題《こくみんてきかだい》と位置《いち》づけ、論議を深めることは大切《たいせつ》であり、歓迎《かんげい》するものであるが、〝特効薬《とっこうやく》〟を求めるあまり対症療法的《たいしょうりょうほうてき》な改革に走るのではなく、確固《かっこ》たる理念《りねん》と展望《てんぼう》に基《もと》づいた「二十一世紀《せいき》の教育」のあり方を打ち出すことこそが肝要《かんよう》である。

最近《さいきん》、青少年《せいしょうねん》をめぐる問題がこれほど深刻になった背景《はいけい》として、社会が本来《ほんらい》持つべき教育力が衰弱《すいじゃく》してきたことがあるのではないかと考えている。

「子どもは社会の鏡《かがみ》」という古来《こらい》の知恵《ちえ》が示《しめ》しているように、昨今《さっこん》の諸《しょ》問題も、こうした社会の機能不全《きのうふぜん》が、子どもという最《もっと》も弱《よわ》くて鋭敏《えいびん》な部分《ぶぶん》に集約《しゅうやく》的に噴出《ふんしゅつ》する形《かたち》で起《お》こったものといえないだろうか。

こういうと、すべてを本質論《ほんしつろん》にもっていく一種《しゅ》の還元論《かんげんろん》ではないか、とのそしりを受けるかもしれない。しかし私は、子どもという鏡に照《て》らして己《おのれ》を正《ただ》そうとする自省《じせい》のまなざしを大人が持たない限り、深《ふか》まる子どもたちの心《こころ》の闇《やみ》を晴《は》らすことはできないと思う。

相次《あいつ》ぐ保険金《ほけんきん》がらみの殺人《さつじん》などに象徴《しょうちょう》されるように、目的観《もくてきかん》、価値観《かちかん》を見失った社会が必然《ひつぜん》的に招《まね》きよせる拝金主義《はいきんしゅぎ》の横行《おうこう》など、大人社会におけるモラルの低下《ていか》が、子どもの心に影《かげ》を落《お》とさないはずはないのである。

その現実《げんじつ》を正視《せいし》せず、改《あらた》める努力《どりょく》もなされぬまま、子どもたちだけに〝規律《きりつ》〟を取《と》り戻《もど》そうとしても、改革《かいかく》の実《じつ》はあがらないのではないだろうか。

子どもの〝心《こころ》の荒廃《こうはい》〟を解決《かいけつ》することを目指《めざ》し、「教育勅語《きょういくちょくご》」の徳目《とくもく》の復権《ふっけん》をも含《ふく》む「教育基本法《きほんほう》」の見直《みなお》しを求《もと》める論議《ろんぎ》もみられるが、私は同様《どうよう》の趣旨《しゅし》から、拙速《せっそく》な改正《かいせい》は慎《つつし》むべきと考《かんが》えるものである。

日本では明治維新以来《めいじいしんいらい》、教育が政治《せいじ》や軍事《ぐんじ》、経済《けいざい》といった国家目標《こっかもくひょう》に従属《じゅうぞく》し、専《もっぱ》らそれらに奉仕《ほうし》するための〝人づくり〟へと、役割《やくわり》を矮小化《わいしょうか》され続《つづ》けてきた悲《かな》しむべき歴史《れきし》がある。そこで目指されたのは、人格《じんかく》の全人的開花《ぜんじんてきかいか》とは似《に》ても似つかぬ、ある種《しゅ》の〝鋳型《いがた》〟にはめこまれた、特定《とくてい》の人間像《にんげんぞう》ではなかったか。

戦前《せんぜん》の歴史を顧《かえり》みるまでもなく、教育の手段視《しゅだんし》は、人間の手段視を生んできた。現代《げんだい》の数々の悲劇《ひげき》を招《まね》いてきた根本原因《こんぽんげんいん》も、そこにあるといっても過言《かごん》ではない。

昨今《さっこん》も「IT（情報技術《じょうほうぎじゅつ》）革命《かくめい》」が叫《さけ》ばれる中で、これに即応《そくおう》した教育を求《もと》める声《こえ》も強《つよ》いが、それがもたらす光《ひかり》と影《かげ》を吟味《ぎんみ》しなければ、人間の幸福《こうふく》にそのまま結《むす》びつかない恐《おそ》れがあることに留意《りゅうい》すべきであろう。

そこで私が、二十一世紀《せいき》の教育を展望《てんぼう》するにあたって訴《うった》えておきたいのが、「国家のための教育」や「社会のための教育」という発想《はっそう》から、「教育のための社会」へのパラダイム（思考《しこう》の枠組《わくぐ》み）の転換《てんかん》である。

これは、知遇《ちぐう》を得たコロンビア大学《だいがく》のロバート・サーマン博士《はかせ》の言葉《ことば》からの着想《ちゃくそう》であるが、博士も語《かた》るように、仏法《ぶっぽう》の人間主義《しゅぎ》にも根《ね》ざした思想《しそう》といえる。

創価学会《そうかがっかい》の創始者《そうししゃ》であり、偉大《いだい》な教育者でもあった牧口常三郎《まきぐちつねさぶろう》初代会長《しょだいかいちょう》は、戦前《せんぜん》の軍国《ぐんこく》主義の時代にあって、教育の根本目的《こんぽんもくてき》は「人格の完成《かんせい》」と「子どもの幸福」にあると力説《りきせつ》し、「国家のための教育」に反対《はんたい》した。「幸福」とは何か。これを「快楽《かいらく》」とはき違《ちが》えたところに、戦後日本の迷妄《めいもう》が始《はじ》まったのではないだろうか。

本当《ほんとう》の意味《いみ》での幸福感は、人間と人間、人間と自然《しぜん》といった〝結びつき〟を通してしか得られず、その中でしか人格も鍛《きた》え上げられることはない——ここに、仏法の「縁起《えんぎ》」が説《と》く人間観《かん》の核心《かくしん》がある。

牧口会長《まきぐちかいちょう》が発刊した『創価教育学体系《そうかきょういくがくたいけい》』の先見的《せんけんてき》な思想《しそう》を踏《ふ》まえながら、私なりの改革《かいかく》の試案《しあん》を三点《てん》だけ提起《ていき》してみたい。

まず第一に、教育に関する恒常的《こうじょうてき》な審議《しんぎ》の場《ば》として、政治的《せいじてき》に独立《どくりつ》した機関《きかん》「教育センター」を創設《そうせつ》し、教育の新しいグランドデザインを描《えが》いていく役割《やくわり》を担《にな》うべきと考える。私は三十年前《まえ》より、立法《りっぽう》・司法《しほう》・行政《ぎょうせい》の三権《さんけん》に教育を加《くわ》えた「四権分立《ぶんりつ》」の必要性《ひつようせい》を訴《うった》えてきた。「教育権の独立」という新しい潮流《ちょうりゅう》を世界《せかい》に広げていけば、日本の「教育立国《りっこく》」としての国際貢献《こくさいこうけん》にもつながっていこう。

同様《どうよう》の趣旨《しゅし》から、教育現場《げんば》に携《たずさ》わる人々の「世界教育者サミット」の定期開催《ていきかいさい》を、日本が積極《せっきょく》的に推進《すいしん》することを提案《ていあん》したい。教育はもはや一国にとどまる問題《もんだい》ではなく、世界共通《きょうつう》の課題《かだい》であるからである。

第二に、国家《こっか》が教育内容《ないよう》の細部《さいぶ》まで深《ふか》く関与《かんよ》するこれまでの中央統制型《ちゅうおうとうせいがた》から、各教育現場の創意工夫《そういくふう》を尊重《そんちょう》する制度《せいど》への移行《いこう》が求《もと》められよう。

その上で、教員同士《きょういんどうし》が切磋琢磨《せっさたくま》し、「学校全体《がっこうぜんたい》の教育力」を高《たか》めていく環境《かんきょう》づくりを目指《めざ》していくべきである。

また学校教育を充実《じゅうじつ》させていく面《めん》から、多様《たよう》なタイプの学校を認可《にんか》することや、実験《じっけん》的な授業《じゅぎょう》を奨励《しょうれい》することも重要《じゅうよう》だと思っている。

第三に、子どもの心身《しんしん》のバランスのとれた成長《せいちょう》を図《はか》るために、「社会《しゃかい》での実体験《じったいけん》」を通《とお》し人間性を養《やしな》うことの重要性をあげたい。

牧口会長は「半日《はんにち》学校制度」を提唱《ていしょう》したが、青少年《せいしょうねん》が社会の中で学《まな》び、自《みずか》らの行動《こうどう》が社会に役立《やくだ》つと実感《じっかん》する経験《けいけん》は、何よりも子どもたちの自信《じしん》となり、心《こころ》の成長の確《たし》かな礎《いしずえ》になっていくと思う。

社会全体でそうした意識《いしき》を高めていくことが望《のぞ》まれる。

悲惨《ひさん》な事件《じけん》が起《お》こるたびに、子どもの〝心の闇《やみ》〟をセンセーショナルに取りあげても、問題は一向《いっこう》に解決《かいけつ》することはない。大人の側《がわ》が、その闇を生みだした社会の転倒《てんとう》に目を向《む》けて、責任《せきにん》をもって声《こえ》をあげ、行動《こうどう》を起こしていく必要《ひつよう》がある。

こうした取《と》り組《く》みを通し、他の人々の犠牲《ぎせい》を顧《かえり》みない自己中心《じこちゅうしん》的な生《い》き方《かた》ではなく、互《たが》いを尊重《そんちょう》し支《ささ》え合いながら、ともに価値創造《かちそうぞう》していく社会を目指していくべきではないか。

二十一世紀《せいき》は、「教育《きょういく》」の大輪《たいりん》が花開《はなひら》き、子どもたちの笑顔《えがお》が輝《かがや》く時代《じだい》としたいと強《つよ》く願《ねが》うものである。

教育力の復権

傍観視許さない社会へ

学校において現在《げんざい》、深刻《しんこく》さを増《ま》しているのが「いじめ」や「暴力《ぼうりょく》」の問題《もんだい》である。文部省《もんぶしょう》（現《げん》文部科学《かがく》省）の調査《ちょうさ》（一九九九年〈平成十一年〉度）では、いずれも年三万件《けん》を超《こ》える数《かず》が報告《ほうこく》されている。

件数の多《おお》さもさることながら、一番の問題は、こうした状態《じょうたい》が学校でなかば日常《にちじょう》化《か》していることであろう。

問題解決《かいけつ》のためには制度的《せいどてき》な環境整備《かんきょうせいび》も急《いそ》がれるが、何よりも大切《たいせつ》なのは、「いじめや暴力《ぼうりょく》は絶対《ぜったい》に許《ゆる》さない」との気風《きふう》を社会全体《しゃかいぜんたい》で確立《かくりつ》していくことにある。

無論《むろん》、それは単なる〝呼《よ》びかけ〟だけで実現《じつげん》できるほど容易《ようい》なものではない。「聖教《せいきょう》新聞《しんぶん》」紙上《しじょう》での中学生《ちゅうがくせい》などを対象《たいしょう》にした連載座談会《れんさいざだんかい》で、数回《すうかい》にわたり論《ろん》じ合《あ》ったところだが、そこで浮《う》かび上がったのは、親《おや》や教師《きょうし》のかかわり方《かた》とともに、子どもたちがいじめや暴力を「許さない勇気《ゆうき》」「傍観視《ぼうかんし》しない勇気」を貫《つらぬ》くことの難《むずか》しさであった。

私は、こうした状況《じょうきょう》を招《まね》いた大きな要因《よういん》として、社会で顕著《けんちょ》にみられるモラル・ハザード（倫理《りんり》の欠如《けつじょ》）と、それに伴《ともな》う形《かたち》で蔓延《まんえん》している悪《あく》への「無関心《むかんしん》」や「シニシズム（冷笑主義《れいしょうしゅぎ》）」の問題《もんだい》があると考える。

無関心とシニシズムはある意味《いみ》で、悪そのものよりも危険《きけん》な面《めん》をもつ。この二つに致命的《ちめいてき》に欠《か》けているのは、「他者《たしゃ》」への眼差《まなざ》しであり、その結果《けっか》、「他者」の痛《いた》みや苦《くる》しみに対《たい》して不感症《ふかんしょう》となってしまうからだ。

無関心とシニシズムは徹頭徹尾《てっとうてつび》、不毛《ふもう》であり、何も生《う》み出さないのである。

子どもたちが「自己《じこ》」の中に引《ひ》きこもったり、キレて直接行動《ちょくせつこうどう》に走《はし》ったり、いじめや暴力の傍観者となるのは、こうした閉《と》じた自意識《じいしき》が深《ふか》くかかわっているといえよう。

その傾向《けいこう》は、近年《きんねん》の映像《えいぞう》技術《ぎじゅつ》やコンピューターの発達《はったつ》に伴《ともな》うバーチャル・リアリティー（仮想現実《かそうげんじつ》）の氾濫《はんらん》によって、さらに強《つよ》まることが懸念《けねん》される。

「他者」との対話不可欠

人間を人間たらしめる基盤《きばん》となるのは、「自己《じこ》」と「他者」を見つめ直《なお》し、その絆《きずな》を結《むす》びつける「対話《たいわ》」である。その前提《ぜんてい》となる「他者」が不在《ふざい》であれば「対話」も成立《せいりつ》せず、言葉《ことば》は生彩《せいさい》を失《うしな》ってしまう。いわゆるコミュニケーション不全現象《ふぜんげんしょう》である。それは「ホモ・ロクエンス（言語人《げんごじん》）」としての人間の魂《たましい》の死《し》にもつながっていく。

教育力の復権《ふっけん》にはこの失われたコミュニケーションの回復《かいふく》と保全《ほぜん》が不可欠《ふかけつ》となるだろう。

では、教育力の復権を図《はか》る上でカギとなるものは、いったい何か――。かつて、アメリカの心理学者《しんりがくしゃ》マスローは「その人が潜在的《せんざいてき》に深く蔵《ぞう》している本質《ほんしつ》を、現実《げんじつ》にあらわすのを助《たす》ける」のが教育《きょういく》の使命《しめい》であり、精神性《せいしんせい》や宗教性《しゅうきょうせい》の涵養《かんよう》を教育の目的《もくてき》に据《す》えるべきであると述《の》べた。

創価学会《そうかがっかい》の牧口常三郎《まきぐちつねさぶろう》初代会長《しょだいかいちょう》が提唱《ていしょう》した「創価教育」が目指《めざ》すものも、私が言わんとする「教育力の復権《ふっけん》」の意味《いみ》も、そうした子どもたちが本来《ほんらい》もっている無限《むげん》の可《か》能性《のうせい》を開花《かいか》させる「人間教育」の実現《じつげん》にある。

現代《げんだい》の〝教育の危機《きき》〟を乗《の》り越《こ》えるためには、いかに迂遠《うえん》に見えようとも、マスローが指摘《してき》するような教育への根本的《こんぽんてき》なアプローチが必要《ひつよう》なのではないか――。こう考《かんが》えるのは、私一人ではないと思う。

ただし断《ことわ》っておきたいのは、何も私が「宗教教育」の導入《どうにゅう》を意図《いと》して、こうしたことを論《ろん》じているわけではないということである。ここで言う「宗教性」とは、人間がよりよく生《い》きゆかんとする意志《いし》の謂《いい》であり、他者《たしゃ》の痛《いた》みに同苦《どうく》する心《こころ》のことにほかならない。

戦前《せんぜん》の国家神道《こっかしんとう》のように、特定《とくてい》の宗教に基《もと》づく教育を強制《きょうせい》することは、憲法《けんぽう》や教育基本法《きほんほう》が禁《きん》じている通り、「信教《しんきょう》の自由《じゆう》」を保障《ほしょう》する上で絶対《ぜったい》にあってはならないことである。

最近《さいきん》も、青少年問題《せいしょうねんもんだい》に事寄《ことよ》せて、伝統《でんとう》に名を借《か》りる形《かたち》で「宗教教育」の実施《じっし》を求《もと》める復古主義的《ふっこしゅぎてき》な動《うご》きが一部《いちぶ》に見られるが、戦前の愚《ぐ》を繰《く》り返《かえ》すことは断《だん》じて許《ゆる》されるものではない。

こうした前提《ぜんてい》に立った上で、私は、子どもたちのすこやかな成長《せいちょう》のために、ここでは一つだけ提案《ていあん》をしておきたい。

それは、学校《がっこう》をはじめ家庭《かてい》や地域《ちいき》で、深い精神性《せいしんせい》を豊《ゆた》かにたたえた書物《しょもつ》に親《した》しむ機《き》会《かい》、習慣《しゅうかん》を増《ふ》やしていくということである。

良書《りょうしょ》に親しむことは、荒《あ》れた子どもの心を耕《たがや》し、人格形成《じんかくけいせい》の基盤《きばん》を形《かたち》づくるための大きな契機《けいき》となろう。

古典《こてん》や名作《めいさく》と呼《よ》ばれる人類《じんるい》の精神的遺産《いさん》は、人間の精神性や宗教性の深《ふか》みに源《みなもと》を発《はっ》するものであり、人間が生きていく上で見つめ返すべき問《と》いかけ――〝真《しん》の幸福《こうふく》とは何か〟〝生きる意味《いみ》とは何か〟といった内省《ないせい》的な問いかけがこめられた宝庫《ほうこ》ともいうべき存在《そんざい》である。

第一に、読書経験《どくしょけいけん》は人生《じんせい》経験の縮図《しゅくず》であり、良書《りょうしょ》との格闘《かくとう》によって得《え》られた精神的《せいしんてき》な力《ちから》は、その後の人生の坂《さか》を登《のぼ》っていく上で限《かぎ》りない財産《ざいさん》となる。若《わか》いころに、それが習慣化《しゅうかんか》されれば、いっそう意義深《いぎぶか》いであろう。

第二に、読書で得られた力はバーチャル・リアリティーの刺激《しげき》から〝魂《たましい》〟を守《まも》る障壁《しょうへき》となる。読書は、作者《さくしゃ》と読者《どくしゃ》の対話《たいわ》に帰着《きちゃく》するのであり、対話を通《つう》じて発現《はつげん》する内発《ないはつ》的な精神性、宗教性《しゅうきょうせい》に勝《まさ》る力はないのである。

第三に、読書体験《たいけん》は大人たちの全人格《ぜんじんかく》をかけた受《う》け止《と》め方《かた》、感動《かんどう》を通して語《かた》り合《あ》い、伝《つた》えていくものと銘記《めいき》すべきである。人生における〝真実《しんじつ》〟は、口先《くちさき》ではなく、人格を通してしか伝《つた》わっていかないからである。

また、幼児期《ようじき》や低学年《ていがくねん》の子どもには、家庭《かてい》や学校《がっこう》で「読《よ》み聞《き》かせ」を習慣化していく努力《どりょく》が必要《ひつよう》だと思われる。

その際《さい》には、親《おや》や教師《きょうし》が、子どもの未来《みらい》を心《こころ》から願《ねが》う〝種蒔《たねま》く人の祈《いの》り〟をこめながら語りかけることが大切《たいせつ》となろう。そこで築《きず》かれる「信頼《しんらい》の絆《きずな》」が、子どもたちのすこやかな成長《せいちょう》の確《たし》かな基盤《きばん》となることは間違《まちが》いない。

こうした家庭や学校教育《がっこうきょういく》での取《と》り組《く》みとともに、重要《じゅうよう》となるのが社会総体《しゃかいそうたい》の教育力の向上《こうじょう》である。いじめや暴力《ぼうりょく》の問題《もんだい》を深刻化《しんこくか》させないためには、子どもや親を〝孤立《こりつ》〟させないことが、何よりもポイントとなる。そのためにも、学校や行政《ぎょうせい》の窓口《まどぐち》に加《くわ》えて、気軽《きがる》に安心《あんしん》して相談《そうだん》できる場《ば》を、それぞれの地域《ちいき》や社会で積極《せっきょく》的に設《もう》けていくことが望《のぞ》まれよう。

政治《せいじ》や経済《けいざい》ではない。教育の深《ふか》さこそが、社会の未来を決定《けってい》づける――。この意識《いしき》変革《へんかく》が、二十一世紀《せいき》の日本に強《つよ》く求《もと》められている。

私の教育改革論

関わることが子どもを救う

「子どもを救《すく》え」。文豪《ぶんごう》・魯迅《ろじん》の叫《さけ》びである。

いま、子どもの命《いのち》がおびやかされている。児童虐待《じどうぎゃくたい》や凶悪事件《きょうあくじけん》など、胸《むね》の裂《さ》かれる悲劇《ひげき》が後を絶《た》たない。教育《きょういく》の目的《もくてき》は何か。「子どもの幸福《こうふく》」である。子どもたちが学《まな》ぶ喜《よろこ》びに溢《あふ》れ、人間性《にんげんせい》を高《たか》め、幸福を満喫《まんきつ》していくための教育である。この教育力こそ、暴力《ぼうりょく》の蔓延《まんえん》をくい止《と》め、生命《せいめい》の尊厳《そんげん》を確立《かくりつ》する根源《こんげん》の力《ちから》ではないか。

一九九九年（平成十一年）、米国のコロラド州《しゅう》で、二人の高校生《こうこうせい》が学校内《がっこうない》で銃《じゅう》を乱射《らんしゃ》し、十三人を殺害《さつがい》して自殺《じさつ》するという惨事《さんじ》が起《お》こった。

私の知人《ちじん》であるデンバー大学《だいがく》の女性理事《じょせいりじ》は、この地域《ちいき》で教育改革《かいかく》に挑戦《ちょうせん》している。ある中学校《ちゅうがっこう》では、週末《しゅうまつ》、生徒《せいと》と市民《しみん》のボランティアとの交流学習《こうりゅうがくしゅう》を始《はじ》めた。市長《しちょう》を先頭《せんとう》に百人の有志《ゆうし》が体当《たいあ》たりで生徒を励《はげ》まし、学《まな》ぶ意欲《いよく》と力を触発《しょくはつ》していった。自信《じしん》に輝《かがや》く生徒たちの笑顔《えがお》が戻《もど》ってきた。さらに市が支援《しえん》して、放課後《ほうかご》の課外活動《かがいかつどう》のプログラムや施設《しせつ》も充実《じゅうじつ》させた。そうした努力《どりょく》が実《みの》り、青少年《せいしょうねん》の犯罪《はんざい》は大きく減少《げんしょう》しているという。

「教育」のラテン語は「エデュカーレ」。「引《ひ》き出《だ》す」「導《みちび》き出す」の意義《いぎ》である。デンバー大学の女性理事は、この教育の原点《げんてん》から出発《しゅっぱつ》した。つまり、若《わか》き生命《せいめい》の持つ可《か》能性《のうせい》を引き出し、前向《まえむ》きに生《い》きゆく力を導き出す教育環境《かんきょう》づくりに焦点《しょうてん》を当てたのである。そこにこそ、暴力への衝動《しょうどう》を内発的《ないはつ》に抑制《よくせい》しゆく確実《かくじつ》な道《みち》があるからだ。関《かか》わりこそ、教育の命である。

近隣《きんりん》における人間関係《かんけい》の希薄化《きはくか》や、大人のモラルの荒廃《こうはい》が、社会全体《しゃかいぜんたい》の「教育力」の低下《ていか》を招《まね》いたことは、かねてより指摘《してき》されてきた。「人間教育」の再生《さいせい》のためには、学校と家庭《かてい》と地域が一体《いったい》となって、子どもの幸福のための連帯《れんたい》を堅実《けんじつ》に広《ひろ》げゆくことが不可欠《ふかけつ》である。

教育力の復権《ふっけん》は、大人自身《じしん》が学び、生き方《かた》を見つめ直《なお》すことから始まる。「人間性《にんげんせい》を堅持《けんじ》する方法《ほうほう》は学《まな》び続《つづ》けることだ」とは、著名《ちょめい》な思想家《しそうか》の教育哲学《きょういくてつがく》である。大人の側《がわ》も、情報社会《じょうほうしゃかい》、また高齢《こうれい》社会を、生涯学習《しょうがいがくしゅう》の社会としていきたいものだ。教育の本義《ほんぎ》は、人を見下《みくだ》す権威《けんい》の学歴《がくれき》でもない。単《たん》なる知識《ちしき》の詰《つ》めこみでもない。人間が人間らしく互《たが》いに学び、尊敬《そんけい》し合い、ともに幸福《こうふく》への知恵《ちえ》を湧《わ》きいだすことであろう。

二〇〇一年（平成十三年）から国連《こくれん》では、子どもたちのために「平和の文化《へいわのぶんか》」を広《ひろ》げる国際《こくさい》十年をスタートさせた。日本でも各地《かくち》で、この「対話《たいわ》」と「非暴力《ひぼうりょく》」の教育の波《なみ》を、力強《ちからづよ》く起《お》こしていくべきではないだろうか。毎日新聞《まいにちしんぶん》の連載《れんさい》で紹介《しょうかい》されていた児童相談所《じどうそうだんしょ》の所長《しょちょう》の言葉《ことば》が私の胸《むね》に迫《せま》る。「攻《せ》めの姿勢《しせい》でなければ子どもの命《いのち》は救《すく》えない」。

「教育の世紀《せいき》」である。日本は「教育立国《りっこく》」の明確《めいかく》なビジョンを掲《かか》げて、平和と人道《じんどう》の攻勢《こうせい》に転《てん》ずる時《とき》を迎《むか》えていると私は思う。

思いやり社会の創造を

ヘルマン・ヘッセの名作《めいさく》のひとつに、メルヒェン『アウグスッス』（高橋健二訳・人文書院）がある。

アウグスッスとは主人公《しゅじんこう》の少年《しょうねん》である。少年が生《う》まれた時、お母《かあ》さんは、不思議《ふしぎ》なおじいさんから、子どもに対《たい》する願《ねが》いをひとつ叶《かな》えてあげると言われる。母《はは》は迷《まよ》ったあげく、「だれからも愛《あい》される人に」と願う。

願いどおり、少年を、だれもが大事《だいじ》にしてくれた。何不自由《ふじゆう》ない生活《せいかつ》だった。ちやほやされるのが当《あ》たり前《まえ》となり、彼《かれ》は冷《つめ》たく傲慢《ごうまん》な人間になっていった。それでも、だれもが親切《しんせつ》だった。その好意《こうい》さえ、うとましく愚《おろ》かに思えた。貪欲《どんよく》になり、派手《はで》に遊《あそ》んでみたが、いらいらと心《こころ》の空虚《くうきょ》は増《ま》すばかり。ついに〝自殺《じさつ》してみせ、知人《ちじん》をみんな驚《おどろ》かせてやろう〟と考《かんが》えるまでに行《い》き詰《づ》まってしまった。

死《し》のうとしたまさにその時《とき》、あの不思議《ふしぎ》なおじいさんがやってきた。おじいさんに彼《かれ》は、今度《こんど》は反対《はんたい》に「人々を愛《あい》せるようにしてください」と泣《な》いて頼《たの》んだ。

彼の生活《せいかつ》は一変《いっぺん》した。だれもかれもが、彼のこれまでの生活をののしり、ついに投《とう》獄《ごく》した。出獄《しゅつごく》したとき、彼は醜《みにく》く老《お》いていた。一杯《いっぱい》の水《みず》を乞《こ》うても、冷《つめ》たくあしらわれた。けれども彼は、邪険《じゃけん》にされても、だれもが、いとおしく思えた。学校《がっこう》へ急《いそ》ぐ子どもたち、ひなたぼっこする老人《ろうじん》、疲《つか》れて家路《いえじ》をたどる労働者《ろうどうしゃ》……だれもが自分《じぶん》の家《か》族《ぞく》のように思えた。

世界《せかい》をさすらいながら、不幸《ふこう》な人に尽《つ》くしながら、彼の心《こころ》は温《あたた》かだった。もう虚《むな》しくはなかった。彼は幸《しあわ》せになった。

――こういう物語《ものがたり》だが、現代人《げんだいじん》の多《おお》くは、前半生《ぜんはんせい》のアウグスツスを理想《りそう》として生《い》きてはいないだろうか。

人に大事《だいじ》にされる人生《じんせい》を目指《めざ》して、地位《ちい》や富《とみ》を求《もと》め、それに成功《せいこう》すれば傲慢《ごうまん》となり、失敗《しっぱい》すれば敗北感《はいぼくかん》を抱《いだ》く。その結果《けっか》、どちらも心が貧《まず》しくなっているのではないだろうか。それなのに、なおも子どもたちに同《おな》じ生き方《かた》しか示《しめ》せないでいるのではないか。

　しかし、別《べつ》の生き方もある。

　昔《むかし》、ウィーンの新聞《しんぶん》に、一人の母《はは》の手紙《てがみ》がのった。彼女《かのじょ》の子どもは生まれつき障害《しょうがい》をもっていた。

「私は当時《とうじ》十八歳《さい》でした。私は子供を神さまのように崇め、かぎりなく愛しました。母と私は、このかわいそうなおちびちゃんを助《たす》けるために、あらゆることをしました。が、むだでした。子供は歩《ある》くことも話《はな》すこともできませんでした。でも私は若《わか》かったし、希望《きぼう》を捨《す》てませんでした。私は昼《ひる》も夜《よる》も働《はたら》きました。ひたすら、かわいい娘《むすめ》に栄《えい》養食品《ようしょくひん》や薬《くすり》を買《か》ってやるためでした。そして、娘の小さなやせた手《て》を私の首《くび》に回《まわ》してやって、『おかあさんのこと好《す》き？　ちびちゃん』ときくと、娘は私にしっかり抱《だ》きついてほほえみ、小さな手で不器用《ぶきよう》に私の顔《かお》をなでるのでした。そんなとき私はしあわせでした。どんなにつらいことがあっても、かぎりなくしあわせだったのです」（フランクル著『それでも人生にイエスと言う』山田邦男・松田美佳訳、春秋社）

　およそ、この世《よ》に、彼女の娘ほど非力《ひりき》な、存在《そんざい》はなかったであろう。しかし人間は、ただ「能力《のうりょく》がある」から尊《たっと》いのではない。社会《しゃかい》に「役《やく》にたつ」から偉《えら》いのではない。だれであろうと、その人がその人であるというだけで《かけがえのない》存在《そんざい》なのである。小《ちい》さな娘《むすめ》が、それを教《おし》えてくれた——。

私の知人《ちじん》にも、お子さんが心身《しんしん》にハンディをもつ方《かた》は少《すく》なくない。どんなに悩《なや》まれたか、うかがいしれないものがある。その苦闘《くとう》の中、ある母《はは》はこう言われた。

「あの子が私に、人生《じんせい》の真髄《しんずい》を教えてくれたのです。あの子がいなかったら、私は、いのちの本当《ほんとう》の尊さもわからなかった。人をうわべで判断《はんだん》するような傲慢《ごうまん》な人間のまま、人生を終《お》えていたかもしれません。あの子が教師《きょうし》だったのです。私たちに、それを教えてくれるために、わざわざ、あの子は、苦《くる》しい姿《すがた》をとって生《う》まれてきてくれたんです」

私は思う。この子らの実像《じつぞう》は、断《だん》じて「障害児《しょうがいじ》」などではない、生命《せいめい》の尊さを教えてくれる「世《よ》の宝《たから》」であると。むしろ、この宝の子らを最優先《さいゆうせん》して大事《だいじ》にできない社《しゃ》会《かい》のほうこそ「障害社会」ではないだろうか。

最《もっと》も弱《よわ》い立場《たちば》の人に奉仕《ほうし》せずして、何のための知識《ちしき》か。何のための富《とみ》か。何のための権力《けんりょく》か。

「思いやり」とは「思いを遣《や》る」つまり思いを他の人まで差《さ》し向《む》けることである。慈《じ》愛《あい》を馳《は》せることである。思いを遠《とお》く遣った分だけ、わが心《こころ》は広《ひろ》がる。心が大きく広がった分だけ、たくさんの幸福《こうふく》を入《い》れられる。

だから、子どもたちの幸《しあわ》せを願《ねが》うならば、人に尽《つ》くす生《い》き方《かた》を教《おし》えるべきだ。

「女性の世紀」へ

母と子の笑いさざめく世紀こそ

「本当《ほんとう》の勇気《ゆうき》とは、日々《ひび》、人々のために働《はたら》くこと。本当の勇気とは、見返《みかえ》りも賞讃《しょうさん》も求《もと》めずに、未来《みらい》を信《しん》じ続《つづ》けること」

アメリカの行動《こうどう》する未来学者《がくしゃ》へイゼル・ヘンダーソン博士《はかせ》が、亡《な》き母《はは》に捧《ささ》げた詩《し》の一節《いっせつ》である。彼女《かのじょ》のお母《かあ》さんは、四人の子どもを育《そだ》てながら、社会《しゃかい》の出来事《できごと》や政治《せいじ》の問題《もんだい》にも生《い》き生《い》きと関心《かんしん》を寄《よ》せる女性《じょせい》だった。地域《ちいき》のボランティア活動《かつどう》に積極的《せっきょくてき》に参加《さんか》して、人々に貢献《こうけん》された。

私との対談《たいだん》でも、お母さんの思《おも》い出《で》は尽《つ》きなかった。「言葉《ことば》よりも振《ふ》る舞《ま》いで、争《あらそ》いごとの仲裁《ちゅうさい》をし、倫理《りんり》を教《おし》えてくれる母」とも偲《しの》ばれている。

博士は、この母から受《う》け継《つ》いだ勇気や智慧《ちえ》や思いやりを発揮《はっき》しながら、市民運動《しみんうんどう》のリーダーとして世界的《せかいてき》な活躍《かつやく》を広《ひろ》げてこられた。その第一歩は、一九六〇年代《だい》、一人の主婦《しゅふ》として、ニューヨークで大気汚染《たいきおせん》の問題に取《と》り組《く》んだことであった。

ある日、幼《おさな》いわが子の肌《はだ》が、すすで汚《よご》れていた。ゴシゴシこすらないと落《お》ちない。

「この辺《へん》の空気《くうき》、悪《わる》いと思わない？」

近隣《きんりん》の母親《ははおや》たちに話《はな》しかけた。一人、二人、五人、十人……。市長《しちょう》に手紙《てがみ》を出《だ》した。マスコミにも働《はたら》きかけた。その粘《ねば》り強い努力《どりょく》は、やがて幾《いく》つもの公害規制法《こうがいきせいほう》を成立《せいりつ》させていったのである。

二十世紀《せいき》の世界恐慌《せかいきょうこう》や悲惨《ひさん》な戦争《せんそう》を繰《く》り返《かえ》してはならない。人間が人間らしく生《い》きられる社会《しゃかい》をめざして、「愛情《あいじょう》の経済《けいざい》」というビジョンを掲《かか》げながら、彼女の挑戦《ちょうせん》は続《つづ》いている。

「女性の世紀」は「人間と自然《しぜん》を大切《たいせつ》にする世紀」であり、そして「命《いのち》を守《まも》る世紀」であろう。

かつて、日露戦争《にちろせんそう》が開戦《かいせん》した直後《ちょくご》（一九〇四年〈明治三十七年〉）、神奈川新聞《かながわしんぶん》の前身《ぜんしん》である横浜貿易新聞《よこはまぼうえきしんぶん》で、一つの連載《れんさい》が始《はじ》まった。それは「征家《せいか》と反面《はんめん》」と題《だい》する記事《きじ》である。出征兵士《しゅっせいへいし》を戦地《せんち》に送《おく》り出《だ》したあと、陰《かげ》で泣《な》いている家庭《かてい》の困窮《こんきゅう》に光《ひかり》を当《あ》てた内容《ないよう》だ。そのテーマ自体《じたい》が、反戦《はんせん》に通《つう》ずる視点《してん》であったといってよい。第二次世界大戦中《だいじせかいたいせんちゅう》、わが家《や》も、働《はたら》き盛《ざか》りの四人の兄《あに》を次々《つぎつぎ》に兵隊《へいたい》で奪《うば》われた。長兄《ちょうけい》は戦死《せんし》である。母《はは》の悲《かな》しみは深《ふか》かった。

今なお、この地球上《ちきゅうじょう》では、どれほど多《おお》くの母たちの涙《なみだ》が流《なが》されていることか。軍隊《ぐんたい》を廃止《はいし》した「平和《へいわ》の先進国《せんしんこく》」として名高《なだか》い中米《ちゅうべい》のコスタリカで、一九九六年（平成八年）、私どもが「核《かく》の脅威展《きょういてん》」を開催《かいさい》した時《とき》のことである。

多くの政府関係者《せいふかんけいしゃ》が出席《しゅっせき》し、厳粛《げんしゅく》な国歌《こっか》の斉唱《せいしょう》で開幕式《かいまくしき》は始まった。ところが、壁《かべ》を隔《へだ》ててすぐ隣《となり》の「子ども博物館《はくぶつかん》」からは、明《あか》るい、はじけるような少年少女《しょうねんしょうじょ》たちの笑《わら》い声《ごえ》が、式典《しきてん》に関係《かんけい》なく響《ひび》いてくる。私は、出席者に呼《よ》びかけた。「にぎやかな、活気《かっき》に満《み》ちた、この声《こえ》こそ『平和』そのものです。ここにこそ原爆《げんばく》を抑《おさ》える力《ちから》があります！　希望《きぼう》があります！」

フィゲレス大統領《だいとうりょう》ご夫妻《ふさい》も、深《ふか》くうなずいておられた。同《どう》大統領のもとで、それまでの国防省《こくぼうしょう》の代《か》わりに設《もう》けられた警備省《けいびしょう》に、女性《じょせい》の大臣《だいじん》が就任《しゅうにん》した。任命式《にんめいしき》で彼女《かのじょ》が身《み》に着《つ》けたのは、銃《じゅう》でもなければ、サーベルでもなかった。なんと赤《あか》ちゃんを抱《だ》いてきたのである。平和の未来《みらい》を訴《うった》えゆく、何よりも神々《こうごう》しい姿《すがた》であった。

「教育力」と「生命尊厳の連帯」から

〝憲政《けんせい》の神様《かみさま》〟尾崎行雄《おざきゆきお》氏《し》（一八五八〜一九五四年）は、「女性は人をつくる」という言葉《ことば》を残《のこ》した。そこには、女性が本然的《ほんねんてき》に持つ「人をつくる力」、すなわち「教育力《きょういくりょく》」への敬意《けいい》がこめられている。

この「教育力」を、皆で協力《きょうりょく》して、身近《みぢか》な場所《ばしょ》から、強《つよ》め高《たか》めていきたい。そこにこそ、平和への確実《かくじつ》な建設《けんせつ》があるからだ。

今、深刻《しんこく》な活字《かつじ》離《ばな》れが進《すす》み、青少年を取《と》り巻《ま》く環境《かんきょう》は悪化《あっか》の一方《いっぽう》である。

そのなかにあって、各地で、幼子《おさなご》を抱《かか》えたお母《かあ》さん方《がた》が中心《ちゅうしん》となって、子どもたちへの「読《よ》み聞《き》かせ運動《うんどう》」が静《しず》かに広《ひろ》がっている。地域《ちいき》ぐるみで良書《りょうしょ》の読み聞かせを積《つ》み重《かさ》ねて、子どもたちの豊《ゆた》かな情緒《じょうちょ》や創造力《そうぞうりょく》を育《はぐく》んでいく草《くさ》の根《ね》の輪《わ》は、どれほど大きな力となることか。未来《みらい》からの使者《ししゃ》たちの心《こころ》の大地《だいち》に蒔《ま》かれた良《よ》き種《たね》は、必《かなら》ず良き花《はな》を咲《さ》かせてゆくに違《ちが》いない。

私が忘《わす》れ得《え》ぬ出会《であ》いを刻《きざ》んだ、周恩来総理《しゅうおんらいそうり》と鄧穎超夫人《とうえいちょうふじん》は、心ひろびろと、「中国《ちゅうごく》の子どももみんなが私たちの子どもです」と言われていた。

「母《はは》と子の笑《わら》いさざめく世紀《せいき》」へ——その希望《きぼう》の光《ひかり》は、朗《ほが》らかな女性《じょせい》の生命尊厳《せいめいそんげん》の連《れん》帯《たい》から生《う》まれる。

文豪《ぶんごう》トルストイは語《かた》った。

「ああ、母たる女性よ、あなたがたの手《て》の中にこそ、世界《せかい》の救《すく》いがある」（『トルストイ全集16巻人生論』中村白葉・中村融訳　河出書房新社）

教育こそ人道主義の原動力

私自身《じしん》の「教育《きょういく》」に寄《よ》せる決意《けつい》と情熱《じょうねつ》は、第《だい》二次《じ》世界大戦《せかいたいせん》の戦争体験《せんそうたいけん》から発《はっ》するものである。

四人の兄《あに》を、ことごとく兵隊《へいたい》にとられ、長兄《ちょうけい》はビルマにて戦死《せんし》。三人の兄も、ボロボロの軍服《ぐんぷく》を身《み》につけて、戦後《せんご》、一、二年を経《へ》て、哀《あわ》れな姿《すがた》で中国大陸《ちゅうごくたいりく》から帰《かえ》ってきた。

年老《としお》いた父《ちち》の苦《くる》しみ、母の悲《かな》しみは、まことに痛切《つうせつ》なものがあった。

その長兄が、一時《いちじ》、中国から戻《もど》ってきた折《おり》、日本軍の残虐非道《ざんぎゃくひどう》に憤慨《ふんがい》していたことも、私には終生《しゅうせい》、忘《わす》れることができない。

戦争の残酷《ざんこく》さ、愚《おろ》かさ、無意味《むいみ》さを、私は、激《はげ》しい怒《いか》りとともに、若《わか》きこの命《いのち》の奥《おく》深《ふか》く刻《きざ》んだのである。

戦後《せんご》まもない、一九四七年（昭和二十二年）、私は戸田城聖《とだじょうせい》という傑出《けっしゅつ》した教育者《きょういくしゃ》に出会《であ》った。戸田先生《せんせい》は師《し》である牧口常三郎《まきぐちつねさぶろう》先生とともに、日本の侵略戦争《しんりゃくせんそう》に反対《はんたい》し、投獄《とうごく》されていた。牧口先生は獄死《ごくし》。戸田先生は、二年の獄中闘争《ごくちゅうとうそう》を生《い》き抜《ぬ》いてきた。

この事実《じじつ》を知《し》った時《とき》、十九歳《さい》の私は、この人なら信《しん》じられると直感《ちょっかん》し、弟子《でし》となった。戸田先生は常々《つねづね》、「生命《せいめい》の尊厳《そんげん》」を深《ふか》く尊重《そんちょう》しゆく新《あたら》しい世代《せだい》を育成《いくせい》する以外《いがい》に、戦争の恐怖《きょうふ》の流転《るてん》を押《お》しとどめることは絶対《ぜったい》にできないと叫《さけ》び、「教育」の重要性《じゅうようせい》を、声高《こえたか》く強調《きょうちょう》していた。

知識のみの延長は大量殺戮兵器

要《よう》するに、教育は、人間のみが為《な》し得《う》る特権《とっけん》である。人間が、人間らしく、真《しん》の人間として、善《ぜん》なる使命《しめい》を悠々《ゆうゆう》と、また堂々《どうどう》と達成《たっせい》しゆく原動力《げんどうりょく》である。

知識《ちしき》のみの延長《えんちょう》は、大量殺戮《たいりょうさつりく》の兵器《へいき》となった。

反対に、人間社会《しゃかい》を最大《さいだい》に便利《べんり》にし、最大に産業的《さんぎょうてき》に豊《ゆた》かにさせてくれたのも、また知識の延長であった。

その知識というものを、すべて、人間の幸福《こうふく》のほうへ、平和《へいわ》のほうへもっていく本《ほん》源《げん》が、実《じつ》は、教育であらねばならない。

ゆえに、教育は、永遠《えいえん》なる人道主義《じんどうしゅぎ》の推進力《すいしん》になっていかねばならないと思う。

私は、教育を、人生《じんせい》の最終《さいしゅう》にして最重要《じゅうよう》の事業《じぎょう》と決《き》めてきた。

だからこそ、コロンビア大学《だいがく》のレヴィン学長《がくちょう》の「教育は、社会変革《へんかく》のための最《もっと》も効《こう》果《か》の遅《おそ》い手段《しゅだん》かもしれない。しかし、それは、変革のための唯一《ゆいいつ》の手段である」という信条《しんじょう》に、私は深く共感《きょうかん》を覚《おぼ》えるのである。

今日《こんにち》、地球《ちきゅう》社会は、複合《ふくごう》的に絡《から》み合《あ》った危機《きき》に直面《ちょくめん》している。戦争、環境破壊《かんきょうはかい》、「南北《なんぼく》」の発展《はってん》の格差《かくさ》、民族《みんぞく》・宗教《しゅうきょう》・言語《げんご》などの相違《そうい》による人間の分断《ぶんだん》……。問題《もんだい》は山積《さんせき》し、解決《かいけつ》への道《みち》のりは、あまりにも遠《とお》いように見える。

しかし、これらの問題群《ぐん》の底流《ていりゅう》にあるものは、一体《いったい》、何か。

それは、あらゆる分野《ぶんや》において、「人間」を見失《みうしな》い、「人間の幸福《こうふく》」という根本《こんぽん》の目《もく》的《てき》を忘《わす》れてきた失敗《しっぱい》であると、私は考《かんが》える一人である。

ゆえに、「人間」こそ、私たちが立《た》ち戻《もど》り、また新《あら》たな出発《しゅっぱつ》をすべき原点《げんてん》でなければならない。人間革命《かくめい》が必要《ひつよう》となってくる。

世界的《せかいてき》な哲学者《てつがくしゃ》のデューイ博士《はかせ》と私の先師《せんし》・牧口常三郎先生《まきぐちつねさぶろうせんせい》の思想《しそう》には、多《おお》くの共《きょう》通点《つうてん》があった。

特に、新《あたら》しい「人間」教育《きょういく》の創出《そうしゅつ》こそ、二人が共有《きょうゆう》した深《ふか》き理想だった。

デューイ博士いわく、「人間は、学《まな》ぶことによって人間になる」と。

「子どもの幸福」が教育の「目的」

博士と牧口先生は、地球《ちきゅう》の西《にし》と東《ひがし》の対極《たいきょく》にあって、ほぼ同時代《どうじだい》を生《い》きた。ともに、近代化《きんだいか》の進展《しんてん》に伴《ともな》う秩序《ちつじょ》の混乱《こんらん》のなかで、希望《きぼう》の〝未来《みらい》〟を切《き》り開《ひら》くために格闘《かくとう》を続《つづ》けたのである。

デューイ博士の研究《けんきゅう》から多大《ただい》な影響《えいきょう》を受《う》けた牧口先生は、児童《じどう》や学生《がくせい》の「生涯《しょうがい》にわたる幸福《こうふく》」こそが、教育の目的《もくてき》であると、高《たか》らかに主張《しゅちょう》した。

そして、その真《しん》の幸福とは、「価値創造《かちそうぞう》」の人生《じんせい》にある――これが先生の信念《しんねん》であった。

この「価値創造」とは、端的《たんてき》にいうならば、いかなる環境《かんきょう》にあっても、そこに意味《いみ》を見いだし、自分自身《じぶんじしん》を強《つよ》め、そして他者《たしゃ》の幸福へ貢献《こうけん》しゆく力《ちから》のことである。

牧口先生は、この独創《どくそう》的な教育思想を、仏法《ぶっぽう》の深遠《しんえん》なる生命哲理《せいめいてつり》の探究《たんきゅう》のなかで構築《こうちく》した。

ともあれ、デューイも、牧口先生も、民族国家《みんぞくこっか》という限界《げんかい》を超《こ》えて、新《あたら》しい人間社会《しゃかい》と市民《しみん》の連帯《れんたい》を、はるかに見すえていたことは、確《たし》かである。二人は、地球《ちきゅう》規模《きぼ》で価値創造のできる人間、すなわち「地球市民」のビジョンを抱《いだ》いていたといえる。

「地球市民」の要件《ようけん》とは、何か。この数十年、世界《せかい》の多くの方々《かたがた》と対話《たいわ》を重《かさ》ねつつ、私なりに思索《しさく》してきた。

それは決《けっ》して、単《たん》に何カ国語《こくご》を話《はな》せるとか、何カ国を旅行《りょこう》したということで、決《き》まるものではない。

国外《こくがい》に一回《いっかい》も出《で》たことがなくても、世界の平和《へいわ》と繁栄《はんえい》を願《ねが》い、貢献している気高《けだか》き庶民《しょみん》を、私は数《かず》多く友人《ゆうじん》としている。

ゆえに、「地球市民《ちきゅうしみん》」とは、たとえば――
一、生命《せいめい》の相関性《そうかんせい》を深《ふか》く認識《にんしき》しゆく「智慧《ちえ》の人」
一、人種《じんしゅ》や民族《みんぞく》や文化《ぶんか》の〝差異《さい》〟を恐《おそ》れたり、拒否《きょひ》するのではなく、尊重《そんちょう》し、理解《りかい》し、成長《せいちょう》の糧《かて》としゆく「勇気《ゆうき》の人」
一、身近《みぢか》に限《かぎ》らず、遠《とお》いところで苦《くる》しんでいる人々《ひとびと》にも同苦《どうく》し、連帯《れんたい》しゆく「慈悲《じひ》の人」
――と考《かんが》えても間違《まちが》いないと思う。

相互依存の世界

この〝智慧〟と〝勇気〟と〝慈悲〟を具体的《ぐたいてき》に展開《てんかい》していくために、仏法《ぶっぽう》の世界観《せかいかん》、なかんずく森羅万象《しんらばんしょう》の相依・相関性の原理《げんり》が確《たし》かな基盤《きばん》となると、私は思う一人である。

仏典《ぶってん》には、多様《たよう》な相互依存性《そうごいぞんせい》をあらわす美《うつく》しい誓《たと》えが記《しる》されている。

生命を守《まも》り育《はぐく》む大自然《だいしぜん》の力《ちから》の象徴《しょうちょう》でもある帝釈天《たいしゃくてん》の天宮《てんぐう》には、結《むす》び目《め》の一つ一つに、「宝石《ほうせき》」が取《と》りつけられた「宝《たから》の網《あみ》」がかかっている。その、どの「宝石」にも、互《たが》いに、他《ほか》のすべての「宝石」の姿《すがた》が映《うつ》し出《だ》され、輝《かがや》いているというのである。

アメリカ・ルネサンスの巨匠《きょしょう》ソローが観察《かんさつ》しているように、「われわれの関係性《かんけい》は無限《むげん》の広《ひろ》がり」をもっている。

この連関《れんかん》に気《き》づく時、互いに生《い》かし、生かされて存在《そんざい》する「生命の糸《いと》」をたどりながら、地球の隣人《りんじん》の中に、荘厳《そうごん》な輝きを放《はな》つ「宝石」を発見《はっけん》することができるのではないか。

仏法は、こうした「生命」の深き共感性《きょうかん》に基《もと》づく〝智慧〟を耕《たがや》しゆくことを、促《うなが》している。なぜならば、この〝智慧〟が、〝慈悲〟の行動《こうどう》へと連動《れんどう》していくからである。

それゆえ、仏法で説《と》く〝慈悲〟とは、好《す》きとか、嫌《きら》いという人間の自然な感情《かんじょう》を、無理《むり》やりに抑《おさ》えつけようとすることでは決《けっ》してない。

そうではなく、たとえ嫌いな人であったとしても、自身《じしん》の人生《じんせい》にとっての価値《かち》を秘《ひ》めており、自己《じこ》の人間性を深めてくれる人となり得る。こうした可能性《かのうせい》に目を開《ひら》きゆくことを、仏法は呼《よ》びかけているのである。

また、「その人のために何ができるか」と真剣《しんけん》に思いやる〝慈悲《じひ》〟の心《こころ》から、〝智慧《ちえ》〟は限《かぎ》りなくわいてくるというのである。

「善性」を信じて

更《さら》に、仏法《ぶっぽう》では、すべての人間の中に、「善性《ぜんせい》」と「悪性《あくせい》」がともに潜在《せんざい》していることを教《おし》えている。

したがって、どのような人であったとしても、その人に備《そな》わる「善性」を信《しん》じ、見いだしていこうという決意《けつい》が大切《たいせつ》である。その〝勇気《ゆうき》〟ある行動《こうどう》の持続《じぞく》に、〝慈悲〟は脈打《みゃくう》っていくというのである。

それは、自分《じぶん》が関《かか》わり続《つづ》けることによって、他者《たしゃ》の生命《せいめい》の尊極《そんごく》なる「善性」を引《ひ》き出《だ》そうとする挑戦《ちょうせん》である。

他者と関わることは、〝勇気〟を必要《ひつよう》とする。

〝勇気〟がなければ、〝慈悲〟といっても、行動に結実《けつじつ》せず、単《たん》なる観念《かんねん》で終《お》わってしまう場合《ばあい》が、あまりにも多《おお》いからである。

仏法においては、〝智慧〟と〝勇気〟と〝慈悲〟を備《そな》え、たゆみなく他者《たしゃ》のために行動しゆく人格《じんかく》を「菩薩《ぼさつ》」と呼《よ》んでいる。

その意味《いみ》において、「菩薩」とは、時代《じだい》を超《こ》えて、〝地球市民《ちきゅうしみん》〟のモデルを提示《ていじ》しているといえるかもしれない。

第二章　恩師の心・創価の源流

強靭な信念と勇気

わが創価《そうか》の父《ちち》である牧口先生《まきぐちせんせい》の、あの眼光鋭《がんこうするど》いお写真《しゃしん》を拝見《はいけん》すると、「謹厳実直《きんげんじっちょく》」という言葉《ことば》が浮《う》かぶ。

事実《じじつ》、弟子《でし》たちにも厳《きび》しい師《し》であられたようだが、最《もっと》も厳しかったのは、ご自身《じしん》に対《たい》してであった。

軍部政府《ぐんぶせいふ》の弾圧《だんあつ》と戦《たたか》い、殉教《じゅんきょう》された、巌《いわお》のごとく不動《ふどう》な、強《つよ》き信念《しんねん》が、それを明確《めいかく》に物語《ものがた》っている。

私は、かつて牧口先生が、東京高等工学校《とうきょうこうとうこうがっこう》（現在《げんざい》の芝浦工業大学《しばうらこうぎょうだいがく》）で、「倫理学《りんりがく》」を講義《こうぎ》されていたことを紹介《しょうかい》させていただいたことがある。

その講義を受《う》けた方《かた》の回想《かいそう》によると、世界平和《せかいへいわ》を希求《ききゅう》されていた先生は、当時《とうじ》の日本人が一様《いちよう》にいだいていた、中国人《ちゅうごくじん》に対《たい》する蔑視《べっし》と偏見《へんけん》を、厳しく正《ただ》されたという。

「中国人を嘘《うそ》をつく民族《みんぞく》のようにいう人がいるが、それは違《ちが》う。もし、中国人がそんな民族なら、なぜ五千年にわたって偉大《いだい》な文化《ぶんか》を継承《けいしょう》できたか。道理《どうり》に合《あ》わないではないか」

「こちらが相手《あいて》を信《しん》じ、腹《はら》を割《わ》って付《つ》き合《あ》えば、必《かなら》ず相手も応《こた》えてくれる。それが価《か》値論《ちろん》です」

日中戦争《にっちゅうせんそう》のさなかでの発言《はつげん》である。偏狭《へんきょう》な島国根性《しまぐにこんじょう》を打《う》ち破《やぶ》る主張《しゅちょう》であった。

この受講生《じゅこうせい》は、その後、学業半《がくぎょうなか》ばに、兵隊《へいたい》として中国へ。現地《げんち》で、中国の人びとと接《せっ》するなかで、まったく牧口先生が話《はな》されていた通りだと実感《じっかん》したそうである。

牧口先生はまた、限《かぎ》りなく、温《あたた》かく、優《やさ》しいお人柄《ひとがら》であった。

若《わか》き日《ひ》、先生が、北海道師範学校《ほっかいどうしはん》（現在の北海道教育大学《きょういくだいがく》）の付属小学校《ふぞくしょうがっこう》で、教《きょう》鞭《べん》をとられたころのことである。

雪《ゆき》の降《ふ》る日《ひ》など、先生《せんせい》は、外《そと》に出《で》て、登校《とうこう》する子どもたちを迎《むか》えた。そして、小《ちい》さい子を背負《せお》い、大《おお》きい子の手《て》を引《ひ》いて歩《ある》かれていた。

特《とく》に、体《からだ》の弱《よわ》い子には、細心《さいしん》の注意《ちゅうい》を払《はら》われた。

あかぎれの子がいれば、教室《きょうしつ》でお湯《ゆ》を沸《わ》かし、手を洗《あら》ってあげていたと言われる。

一人ひとりの子どもの状況《じょうきょう》を把握《はあく》し、心《こころ》を砕《くだ》かれる、まさに慈愛《じあい》の先生であられた。

ある冬《ふゆ》の夜《よる》、指導《しどう》を受《う》けに来《き》た婦人《ふじん》が、幼子《おさなご》を背負って帰《かえ》ろうとすると、先生が言われた。

「風邪《かぜ》を引かせてはいけない。こうすれば、一枚《まい》よけいに着《き》たのと同《おな》じだよ」

そして、子どもの背中《せなか》に、畳《たた》んだ新聞紙《しんぶんし》を入《い》れてくださったと言う。

木枯《こが》らしの吹《ふ》きすさぶホームで、老婦人《ろうふじん》の下駄《げた》の鼻緒《はなお》を、すげてあげていたこともあったようだ。

なんと、こまやかな心遣《こころづか》いであろうか。

殉難《じゅんなん》をものともせぬ「強《つよ》さ」と、この「優《やさ》しさ」こそ、牧口《まきぐち》先生の人格《じんかく》の偉大《いだい》さを物語《ものがた》っている。

先生は、どこまでも民衆《みんしゅう》を愛《あい》し、慈《いつく》しむがゆえに、敢然《かんぜん》と正義《せいぎ》の旗《はた》を掲《かか》げ、邪悪《じゃあく》とは、阿修羅《あしゅら》のごとく、戦《たたか》い抜《ぬ》かれたのだ。

また、強靱《きょうじん》な信念《しんねん》と、何ものも恐《おそ》れぬ勇気《ゆうき》があるからこそ、人を限《かぎ》りなく優しく包《つつ》みこむことができるのである。

本当《ほんとう》の「優しさ」とは、「強さ」に裏打《うらう》ちされていなければならない。

魂に光を灯す

牧口先生《まきぐちせんせい》は、日本には「現場《げんば》の教師《きょうし》に対《たい》し、経験《けいけん》もない学者《がくしゃ》が、欧米《おうべい》の新学説《しんがくせつ》を輸《ゆ》入《にゅう》しては教《おし》えを垂《た》れる」観念論《かんねんろん》か、偏狭《へんきょう》な「国家主義《こっかしゅぎ》の教育《きょういく》」しかないことを憂《うれ》えた。借《か》り物《もの》の思想《しそう》の権威《けんい》に服従《ふくじゅう》するか、権力《けんりょく》に服従するか、どちらも卑屈《ひくつ》である。「自《じ》分《ぶん》で考《かんが》える」自立《じりつ》の信念《しんねん》が欠《か》けている。

何より、一番大切《いちばんたいせつ》な「子ども自身《じしん》の幸福《こうふく》」が欠けているではないか！

どこに子どもたちへの愛《あい》があるのか！

指導《しどう》とか善導《ぜんどう》とか騒《さわ》いでいる連中《れんちゅう》が、一番指導を受《う》け、善導されねばならない欠陥《けっかん》人間ではないか！

医者《いしゃ》が治療法《ちりょうほう》を間違《まちが》ったら、人を殺《ころ》してしまう場合《ばあい》がある。間違った教育も「人を殺す」結果《けっか》ともなる。

牧口先生の叫《さけ》びは、しかし黙殺《もくさつ》された。大勢《たいせい》の反応《はんのう》は「小学校校長《しょうがっこうこうちょう》ふぜいが、新《あたら》しい教育学などと生意気《なまいき》な」という感情的《かんじょうてき》な軽侮《けいぶ》であった。

そこには、民衆《みんしゅう》と、民衆のなかから生《う》まれたものへの傲慢《ごうまん》だけがあった。それが大学《だいがく》を出《で》た人間の姿《すがた》なら、何のために大学などあるのか！　そんな連中が日本とアジアを軍国主義《ぐんこくしゅぎ》の地獄《じごく》に巻《ま》きこんでいったのではないか！

その反対《はんたい》に、牧口先生の胸《むね》に燃《も》えているのは、子どもたちの苦《くる》しみを思うと「心《こころ》は狂《きょう》せんばかり」という愛であった。

「大学を」と遺言《ゆいごん》された大学者の牧口先生も戸田《とだ》先生も、大学の教授《きょうじゅ》にはならなかった。一番基本《いちばんきほん》の小学生《しょうがくせい》の教育に専心《せんしん》なされた。

東京《とうきょう》の三笠《みかさ》小学校の校長時代《じだい》は、極貧《ごくひん》の地域《ちいき》で、窓《まど》ガラスも破《やぶ》れ、厚紙《あつがみ》でふさいでいるような学校であった。児童《じどう》も働《はたら》いていた。夜間《やかん》の部《ぶ》では、青白《あおじろ》いガス灯《とう》が、眠《ねむ》さをこらえて算数《さんすう》に取《と》り組《く》む子どもたちを照《て》らした。

弁当《べんとう》も持《も》ってこられない子のために、先生《せんせい》は給料《きゅうりょう》をさいて、豆《まめ》もちや食事《しょくじ》を用意《ようい》した。しかも、気《き》がねなく持っていけるように用務員室《ようむいんしつ》に置《お》いた。

勉強《べんきょう》ができない、家《いえ》が貧《まず》しい、家庭《かてい》が暗《くら》い——子どもたちの苦《くる》しさ、悔《くや》しさを全部《ぜんぶ》、知《し》っている牧口《まきぐち》先生であり、戸田《とだ》先生であった。

「何でもやろう。この子たちを、ひとり残《のこ》らず幸《しあわ》せにするために、教師《きょうし》がいるのだ」

人間自身の革命

創価教育学《そうかきょういくがく》は、人間への慈愛《じあい》という「魂の光《たましいひかり》」から生《う》まれた。だから、「世界《せかい》」へと通《つう》じていた。だから、人間を差別《さべつ》する「心《こころ》の鎖国《さこく》」の日本と衝突《しょうとつ》せざるをえなかった。

この「光」を、創価大学《だいがく》という形《かたち》にするために、私は働《はたら》いた。書《か》きに書いては、印税《いんぜい》を寄付《きふ》した。多《おお》くの人の協力《きょうりょく》を取《と》り付《つ》け、世界の大学も何十と回《まわ》った。

台風《たいふう》がくれば、大学は大丈夫《だいじょうぶ》かと祈《いの》り、学生《がくせい》が病気《びょうき》と聞《き》けば励《はげ》ましを贈《おく》り……しかし今《いま》、その苦労《くろう》を語《かた》ろうとは思わない。

ただ願《ねが》うのは、学生の勝利《しょうり》である。創価大学に本部棟《ほんぶとう》ができたことはうれしい。しかし、もっとうれしいのは、学生一人ひとりの胸中《きょうちゅう》に「内《うち》なる本部棟」が建《た》つことなのだ。

創価の師弟《してい》が命《いのち》をかけたこの「光」を受《う》け継《つ》ぎ、それぞれの使命《しめい》の舞台《ぶたい》に「人間教育の勝利」の宝塔《ほうとう》を聳《そび》え立《た》たせてほしいのだ。

過《す》ぎ去《さ》りゆく二十世紀の苦闘《くとう》、それは物質《ぶっしつ》と社会《しゃかい》の革命《かくめい》であった。

来《きた》らんとする二十一世紀の挑戦《ちょうせん》、それは人間自身《じしん》の革命である。

ゆえに世紀末《まつ》の闇《やみ》を前《まえ》に、なすべきことは明白《めいはく》であろう。

火花《ひばな》を、ほとばしらせることだ。

どこから？　青年《せいねん》たちの魂から！

何によって？　自分《じぶん》自身の炎《ほのお》によって！

教育とは魂に光を灯《とも》すことである。

「戸田大学」の卒業生

それは、一九五〇年（昭和二十五年）の正月《しょうがつ》のことである。

戸田先生《とだせんせい》が、厳粛《げんしゅく》なお顔《かお》で、私に尋《たず》ねられた。

「日本の経済《けいざい》も混乱《こんらん》している時代《じだい》であり、私の仕事《しごと》も、ますます多忙《たぼう》になっていくから、ついては、君《きみ》の学校《がっこう》の方《ほう》も、断念《だんねん》してもらえぬか？」

私は、即座《そくざ》にお答《こた》えした。

「結構《けっこう》です。先生のおっしゃる通りにいたします」

すると先生は、厳《きび》しいまなざしのなかに、優《やさ》しさを光《ひか》らせながら、「そのかわり、私が責任《せきにん》をもって、君《きみ》の個人教授《こじんきょうじゅ》をしていくよ」と言われた。

やがて、戸田先生は、毎週《まいしゅう》、日曜日《にちようび》になると、私をご自宅《じたく》に呼《よ》ばれ、一対《たい》一の個人教授をされるようになった。

魂《たましい》と魂が光《ひかり》を放《はな》つ、この「戸田大学《だいがく》」の講義《こうぎ》は、午前《ごぜん》も午後《ごご》も続《つづ》き、よく夕飯《ゆうはん》をいただいて、晴《は》れ晴《ば》れと帰《かえ》ってきた。

次第《しだい》に、日曜だけでは時間《じかん》が足《た》りなくなり、戸田先生の会社《かいしゃ》でも、毎朝《まいあさ》、必《かなら》ず、講義をしてくださった。

この先生の会社での講義は、一九五二年（昭和二十七年）五月八日の木曜日《もくようび》から、一九五七年（昭和三十二年）まで続《つづ》けられた。

それは、戸田先生の会長就任《かいちょうしゅうにん》一周《しゅう》年の直後《ちょくご》から、ご逝去《せいきょ》の直前までの期間《きかん》となる。

この「戸田大学」の教室は、市ケ谷《いちがや》ビル内《ない》の先生の会社の事務所《じむしょ》であった。

本来《ほんらい》、私一人への授業《じゅぎょう》であったが、他の数名の社員《しゃいん》も、受講《じゅこう》することを許《ゆる》された。

その仲間《なかま》たちは、今でも懐《なつ》かしく、忘《わす》れ得《え》ぬ同志《どうし》である。

生きた学問

開講《かいこう》に際《さい》して、先生《せんせい》はこう語《かた》られた。

「高等教育《こうとうきょういく》の万般《ばんぱん》を教《おし》えよう。優秀《ゆうしゅう》な大学以上《だいがくいじょう》に、教育を授《さず》けたい。いくら大学を出《で》ても、多《おお》くは、何を習《なら》ったか忘《わす》れてしまうものだ。残《のこ》っているのは、大綱《たいこう》だけで精《せい》いっぱいである。

私が、君《きみ》には、これから、あらゆる生《い》きた学問《がくもん》を教えてあげたいのだ」

講義《こうぎ》の時間《じかん》は、原則《げんそく》として、仕事《しごと》が始《はじ》まる前《まえ》の、朝《あさ》八時過《じす》ぎから九時ごろまで、小一時間であった。

先生は、朝の出勤《しゅっきん》時間には厳《きび》しかった。先生より早《はや》く出社《しゅっしゃ》して、掃除《そうじ》や雑巾《ぞうきん》がけ等を、いっさい済《す》ませて、お待《ま》ちせねばならなかった。

先生が「よー」と、一言《ひとこと》、言《い》われながら入《はい》ってこられると、すぐさま、真剣《しんけん》な講義が開始《かいし》された。

先生の真正面《ましょうめん》に私が座《すわ》り、他の社員《しゃいん》が椅子《いす》を持《も》ち寄《よ》って、それを囲《かこ》んだ。

まず、受講生《じゅこうせい》が教科書《きょうかしょ》を順番《じゅんばん》で朗読《ろうどく》し、これを受《う》けて、戸田《とだ》先生が自在《じざい》に講義されるという形《かたち》で進《すす》められた。

時《とき》には、その教科書を破折《はしゃく》されることもあった。

「この理論《りろん》には筋《すじ》が通っていない」

「この説《せつ》には無理《むり》がある」

「これは、深《ふか》い思索《しさく》がない論説《ろんせつ》である」

「この学者《がくしゃ》は、一部《ぶ》の原理《げんり》をもって、すべてに当《あ》てはめようとしている」等々と、その鋭《するど》い天才《てんさい》ぶりは驚《おどろ》くものであった。

受講中は、メモを取《と》ることはできなかった。

先生は、一言一句《いちごんいっく》を、生命《せいめい》に刻《きざ》みつけることを、願《ねが》っておられたようだ。

なぜ、メモを取らせないか。

先生は、こんな史話《しわ》をしてくださった。

——ある蘭《らん》学者が、長崎《ながさき》で、オランダ医学《いがく》を勉強《べんきょう》した。

一語残《いちごのこ》らず書《か》き取《と》ったため、その筆記帳《ひっきちょう》は行李《こうり》いっぱいの膨大《ぼうだい》なものになった。ところが、海《うみ》を渡《わた》って帰《かえ》る時《とき》、船《ふね》が沈《しず》んで、それを全部《ぜんぶ》なくしてしまった。あとは、頭《あたま》の中はカラであった、と。

だから、「君《きみ》たちは、全部、頭の中に入《い》れておけ。メモはダメだ」と、先生《せんせい》は言《い》われたのである。ゆえに、一回《いっかい》一回が真剣勝負《しんけんしょうぶ》であった。

後《のち》に、仲間《なかま》から伺《うかが》った話《はなし》だが、戸田《とだ》先生は陰《かげ》で、「大作《だいさく》は、海綿《かいめん》のように良《よ》く吸収《きゅうしゅう》する」と言ってくださっていたようである。

科目《かもく》は、まず「経済学《けいざいがく》」から始められた。

次《つぎ》に「法学《ほうがく》」である。

さらに「化学《かがく》」「天文学《てんもんがく》」「生命論《せいめいろん》」などの科学万般《かがくばんぱん》。

また、「日本史《にほんし》」「世界史《せかいし》」。ならびに「漢文《かんぶん》」。

そして「政治学《せいじがく》」という、大《おお》きな流《なが》れで進《すす》んでいった。

使用《しよう》したテキストも、たいてい、当時《とうじ》の最新《さいしん》の部類《ぶるい》が選《えら》ばれていた。

たとえば、科学では、『新科学大系《しんかがくたいけい》』というシリーズを使ったが、新刊《しんかん》が出《で》た数日後には、もう早朝講義《そうちょうこうぎ》に取《と》り上《あ》げられていたこともあった。

そこには、「時代《じだい》の先端《せんたん》を行くのだ」との、戸田先生の訓練《くんれん》があったと思う。

私の「若《わか》き日《ひ》の日記《にっき》」をひもとくと、随所《ずいしょ》に、先生の講義の記録《きろく》がつづられてある。

こういう一節《いっせつ》もあった。

「先生の、身体《からだ》をいとわず、弟子《でし》を育成《いくせい》して下《くだ》さる恩《おん》——吾人《ごじん》は、いかに返《かえ》さんや。今《いま》だ。力《ちから》、力、力を蓄《たくわ》える時《とき》は。あらゆる力を、後代《こうだい》の準備《じゅんび》として蓄えん」

これが、一九五三年（昭和二十八年）、師走《しわす》の二十二日の日記である。

私は、二十五歳《さい》であった。

よき人材は一対一で

「戸田大学《だいがく》」では、ロシア出身《しゅっしん》の科学者ガモフ（一九〇四〜六八年）の宇宙《うちゅう》論なども学《まな》んだ。

一九九九年（平成十一年）の暮《く》れ、そのロシアから、モスクワ大学《だいがく》のサドーヴニチィ総長《そうちょう》一行《いっこう》が、来日《らいにち》された。

光栄《こうえい》にも「ロシア国際高等教育科学《こくさいこうとうきょういくかがく》アカデミー」の名誉会員《めいよかいいん》の称号《しょうごう》を私に授与《じゅよ》するために、お越《こ》しくださったのである。

授与式《しき》を終《お》え、二十一世紀《せいき》の教育を展望《てんぼう》して、語《かた》らいに花《はな》が咲《さ》いた。

そのなかで、世界的《せかいてき》な数学者《すうがくしゃ》である総長は、しみじみと、こう言われた。

「本当《ほんとう》によい人材《じんざい》は、大教室《だいきょうしつ》からは育《そだ》ちません。

一対《たい》一で、教授のそばに置《お》いて育成《いくせい》しなければならない。

つまり、『建物《たてもの》』としての学校《がっこう》ではなく、『教《おし》える人の人格《じんかく》』の周《まわ》りにできる学校なのです」と。

私は、間髪《かんはつ》を入れずに申《もう》し上げた。

「今のお話《はなし》を聞《き》いたら、私の恩師《おんし》が、きっと喜《よろこ》んだことでしょう。

実《じつ》は私も、戸田第二代会長《とだだいにだいかいちょう》の個人《こじん》教育で育った人間です。『戸田大学の卒業生《そつぎょうせい》』なんです！」

神田のひととき

私の師匠《ししょう》であり、父《ちち》でもある戸田先生《せんせい》は、それはそれは、多《おお》くの貴重《きちょう》な対話《たいわ》をしてくださった。

私は、幸福者《こうふくもの》である。

それは、西神田《にしかんだ》に学会本部《がっかいほんぶ》があったころのことである。

お昼《ひる》になると、よく、先生と一緒《いっしょ》に、当時《とうじ》の外食券《がいしょくけん》の食堂《しょくどう》に昼食《ちゅうしょく》を食《た》べに行《い》った。

学生街《がくせいがい》でもある神田の食堂では、多くの学生たちが賑《にぎ》やかに楽《たの》しそうに、またある青年《せいねん》は、急《いそ》ぎ急ぎ、食事《しょくじ》をしていた。

活気《かっき》があった。未来《みらい》があった。弾《はず》んでいた。

先生と私は、どんぶりの御飯《ごはん》とおみおつけ、焼《や》き鯖《さば》とがんもどきに、醤油《しょうゆ》をたくさんつけながら、昼餉《ひるげ》の一時《ひととき》を過《す》ごした。

先生《せんせい》は、大変《たいへん》に話好《はなしず》きの方《かた》であられた。

ある時《とき》は、難解《なんかい》な哲学《てつがく》や思想《しそう》をわかりやすく、ある時は、平易《へいい》でありながら、含蓄《がんちく》の深《ふか》い指導《しどう》や物語《ものがたり》や逸話《いつわ》等々を、語《かた》ってくださった。

その食堂《しょくどう》には、先生にお供《とも》して、どうやら三十回《かい》ぐらいは行《い》ったかもしれない。

今、思《おも》い出《だ》しても、その時の師《し》の姿《すがた》や口調《くちょう》、そして遺言《ゆいごん》ともいうべき指導の言々《げんげん》句々《くく》が、頭脳《ずのう》に煌《きら》めき、胸中《きょうちゅう》より湧《わ》き出《い》ずるような感《かん》がしてくる。

そのなかの一つに、レオナルド・ダ・ヴィンチ（一四五二〜一五一九年）の話《はなし》があった。

言わずしても、ご存《ぞん》じの通り、ダ・ヴィンチは、イタリアの天地《てんち》が生《う》んだ、ルネサンスの万能《ばんのう》の巨人《きょじん》である。

「光《ひかり》が闇《やみ》で最《もっと》もよく輝《かがや》いて見える如《ごと》く、（徳《とく》は）人が得意《とくい》にあるときよりも苦境《くきょう》にあるときの方《ほう》が一層《いっそう》よく顕《あら》はれる」（『ダ・ヴィンチ随想録』黒田正利訳、養徳社）

ある日、先生は、このダ・ヴィンチの箴言《しんげん》を、さりげなく、私に語《かた》られた。

当時《とうじ》、先生ご自身《じしん》が、事業《じぎょう》に敗《やぶ》れ、底知《そこし》れぬ苦境《くきょう》の闇に包《つつ》まれていた。

一人去《さ》り、二人去っていく、そのなかで、ただ、ひたすら先生にお仕《つか》えしていた弟《で》子《し》には、この一言に託《たく》された師の深《ふか》い心情《しんじょう》が、痛《いた》いほどわかった。

人間は、敗れた時にこそ悠然《ゆうぜん》と構《かま》えていくことだ。

絶対《ぜったい》に逃《に》げてはいけない。

そこに、人格《じんかく》の真価《しんか》がある。

また「初《はじ》め苦《く》と戦《たたか》ふは、終《おわり》になりて戦ふよりは易《やす》し」(同)。

これも、先生が引《ひ》かれた、ダ・ヴィンチの一節《いっせつ》である。

難《むずか》しい課題《かだい》にこそ、勇《いさ》んで取《と》りかかれ!

行きにくい場所《ばしょ》にこそ、敢《あ》えて飛《と》びこんでいけ!

後《のち》に、私が世界《せかい》への平和旅《へいわたび》を、仏法《ぶっぽう》と最《もっと》も縁《えん》の薄《うす》い、中東《ちゅうとう》や共産圏《きょうさんけん》の諸国《しょこく》に、いち早《はや》く広《ひろ》げていったのも、この恩師《おんし》の指針《ししん》通りなのである。

偉人の英知を自由自在に

先生《せんせい》は、数学者《すうがくしゃ》、思想家《しそうか》、哲学者《てつがくしゃ》、教育者《きょういくしゃ》だけでなく、仏法《ぶっぽう》の大実践者《だいじっせんしゃ》であられた。ご自身《じしん》は、どんな高度《こうど》な学問《がくもん》も、三カ月の猶予《ゆうよ》があれば、全部《ぜんぶ》、マスターできると豪語《ごうご》されていた。

誠《まこと》に、その通りの頭脳明晰《ずのうめいせき》の方《かた》であられた。

私も、多《おお》くの優《すぐ》れた学者、文化人《ぶんかじん》、著名人《ちょめいじん》に、日本でも世界《せかい》でも、会《あ》ってきたけれども、戸田《とだ》先生の力《ちから》は群《ぐん》を抜《ぬ》いていると、常《つね》に思ってきた。

妙法《みょうほう》は「活《かつ》の法門《ほうもん》」である。先生は、この妙法を根底《こんてい》として、歴史上《れきしじょう》のあらゆる偉人《いじん》の英知《えいち》を、自由自在《じゆうじざい》に現代《げんだい》に活《い》かし、価値創造《かちそうぞう》していくことを教《おし》えてくださったのである。

一九九四年（平成六年）の六月、世界最古《せかいさいこ》の伝統《でんとう》を誇《ほこ》る、イタリアのボローニャ大学《だいがく》で、私は講演《こうえん》した。師《し》との対話《たいわ》を思い返《かえ》しつつ、私が選《えら》んだテーマは、「レオナルドの眼《め》と人類《じんるい》の議会《ぎかい》——国連《こくれん》の未来《みらい》についての考察《こうさつ》」であった。

童話に託す願い

私は、小学生文化新聞《しょうがくせいぶんかしんぶん》に、モンゴルを舞台《ぶたい》にした創作物語《そうさくものがたり》『大草原《だいそうげん》と白馬《はくば》』を連載《れんさい》したことがある。

一九七四年（昭和四十九年）に『少年《しょうねん》とさくら』を発表《はっぴょう》してから、十八作目《さくめ》であった。

かつて、戸田先生は私に言われた。

「大作《だいさく》、二人でモンゴルの草原を、馬《うま》で走《はし》ってみたいな」

東洋《とうよう》の、世界の平和《へいわ》を願《ねが》い続《つづ》けておられた先生の、その言葉《ことば》が忘《わす》れられない。

憧《あこが》れの天地《てんち》モンゴルの、果《は》てしない大草原。無限《むげん》に広《ひろ》がる大空《おおぞら》……。

私も、未来からの使者《ししゃ》である子どもたちと、この雄大《ゆうだい》な世界を走りたい。心《こころ》の青空《あおぞら》に、勇気《ゆうき》と希望《きぼう》の風《かぜ》を送《おく》りたい——そうした思いで、この『大草原と白馬』のペンを執《と》ったのである。

振《ふ》り返《かえ》れば、戸田先生《とだせんせい》の出版社《しゅっぱんしゃ》に入って、最初《さいしょ》に任《まか》された仕事《しごと》が、少年雑誌《しょうねんざっし》の編《へん》集《しゅう》であった。

一九四九年（昭和二十四年）五月、若《わか》き編集長《へんしゅうちょう》となった私は、世界《せかい》の有名《ゆうめい》な童話《どうわ》も紹介《しょうかい》していくことにした。

生来《せいらい》、大好《だいす》きな子どもたちの、夢《ゆめ》の翼《つばさ》を育《はぐく》みたかった。

後に、私の小説《しょうせつ》『人間革命《にんげんかくめい》』の挿絵《さしえ》を担当《たんとう》されることになる三芳悌吉画伯《みよしていきちがはく》にも、「シンデレラ」の物語《ものがたり》の挿絵を描《か》いていただいたことが懐《なつ》かしい。

ある時《とき》、雑誌の前《まえ》の号《ごう》で予告《よこく》した「ペスタロッチの少年時代《じだい》」の原稿《げんこう》が、間《ま》に合《あ》いそうもなくなった。

執筆予定《しっぴつよてい》の作家《さっか》は、連載小説《れんさいしょうせつ》を一本《いっぽん》、持《も》ってくださっており、催促《さいそく》するのも申《もう》し訳《わけ》ない状況《じょうきょう》であった。

予告に載《の》せた以上《いじょう》、読者《どくしゃ》を裏切《うらぎ》ることはできない。

私は、子どもたちに語《かた》りかける気持《きも》ちで、自《みずか》らスイスの大教育家《だいきょういくか》ペスタロッチの伝記《でんき》を、一気《いっき》に書《か》き上《あ》げた。

そんなことが、やがて童話を書く機縁《きえん》になっていったのかもしれない。

心の大地に幸福の大輪

一九九五年（平成七年）、アメリカの「児童文学作家人名録《じどうぶんがくさっかじんめいろく》」に、三ページにわたり、私のことが紹介されていた。

そのなかで、私の作品《さくひん》について、「困難《こんなん》に直面《ちょくめん》した時の希望《きぼう》と忍耐《にんたい》の大切《たいせつ》さを表《あらわ》している」と評《ひょう》してくださった。創作《そうさく》の意図《いと》を、的確《てきかく》に読《よ》み取《と》っていただいたことが嬉《うれ》しかった。

私の童話が海外《かいがい》にも紹介されるようになったのは、童画家《どうがか》として世界的に著名《ちょめい》な、ワイルドスミス氏《し》の尽力《じんりょく》によるところが大きい。

氏《し》は、『雪国《ゆきぐに》の王子《おうじ》さま』など、私の四つの作品《さくひん》の絵《え》を描《か》いてくださった。「鮮《あざ》やかな色彩《しきさい》のシンフォニー」と称《たた》えられる、その絵の素晴《すば》らしさには、感嘆《かんたん》するばかりである。

一九八八年（昭和六十三年）、聖教新聞社《せいきょうしんぶんしゃ》で、初《はじ》めて、お会《あ》いした時《とき》、私は尋《たず》ねた。

「子どもたちが、心《こころ》の奥底《おくそこ》で一番求《いちばんもと》めているのは何でしょうか」

氏は、即座《そくざ》に答えられた。

「それは『幸福《こうふく》』です」

本質《ほんしつ》を射《い》た、明快《めいかい》な答《こた》えである。全《まった》く同感《どうかん》であった。

「幸福」は、心の花園《はなぞの》に咲《さ》く。豊《ゆた》かな心、強《つよ》い心の大地《だいち》にこそ、幸福の大輪《たいりん》は花開《はなひら》く。

しかし、エゴイズムと拝金主義《はいきんしゅぎ》の、殺伐《さつばつ》とした精神土壌《せいしんどじょう》には、夢《ゆめ》も、ロマンも育《そだ》たない。

また、何が正義《せいぎ》か、何が人生《じんせい》にとって本当《ほんとう》の「宝《たから》」かを、明確《めいかく》に語《かた》れる大人も少《すく》ない。

少年少女《しょうねんしょうじょ》の心の退廃《たいはい》は、人類《じんるい》の衰退《すいたい》に通《つう》じよう。

ゆえに私は、子どもたちの心の大地を耕《たがや》し、種《たね》を蒔《ま》こうと思った。正義《せいぎ》の種、勇気《ゆうき》の種、希望《きぼう》の種、努力《どりょく》の種、そして、優《やさ》しさの種を。

その挑戦《ちょうせん》の一つが、童話《どうわ》の執筆《しっぴつ》であった。

未来《みらい》からの使者《ししゃ》である少年少女が、白馬《はくば》に乗《の》って、二十一世紀《せいき》の大草原《だいそうげん》を駆《か》ける日《ひ》は近《ちか》い。

その日を思い描《えが》くと、わが胸《むね》には、希望の鐘《かね》が、高《たか》らかに鳴《な》り響《ひび》く。

その子どもたちのために、「心の宝《たから》」を伝《つた》え残《のこ》すことこそ、私の切《せつ》なる願望《がんぼう》であり、また、大人の責任《せきにん》であると思っている。

少年時代の恩師がた

春《はる》になると、天《てん》も地《ち》も、町《まち》も村《むら》も、光《ひかり》が一段《いちだん》と明《あか》るくなる。

桜《さくら》の花《はな》とともに、初々《ういうい》しい新入生《しんにゅうせい》の顔《かお》がまた明るい。

しかし、美《うつく》しく咲《さ》いた「花」を見る人も、花を咲かせる「根《ね》っこ」は見ない。

「根っこ」――それは人生《じんせい》にとっては、小学生《しょうがくせい》の時代《じだい》かもしれない。


「サイタ　サイタ　サクラ　ガ　サイタ」

一九三四年（昭和九年）、小学校《しょうがっこう》に入学《にゅうがく》して初《はじ》めての教科書《きょうかしょ》。わくわくして表紙《ひょうし》を開《ひら》くと、きれいな桜の春景色《けしき》が広《ひろ》がっていた。

遠《とお》くには山々が。手前《てまえ》には、美《うつく》しいピンクの桜の木《き》。

この『小学国語読本《しょうがくこくごとくほん》』は、日本で初めてのカラー印刷《いんさつ》の教科書でもあった。私が入学する前の年《とし》から使《つか》われた教科書のようだ。

「サイタ　サイタ」。黒板《こくばん》に大《おお》きな字《じ》で、先生《せんせい》が書《か》いた。担任《たんにん》は、すらりと背《せ》の高い、手島《てしま》先生という女《おんな》の先生だった。だれしも、小学校の先生のことは、ひときわ鮮《あざ》やかに覚《おぼ》えているのではないだろうか。私も、先生が着《き》ておられた服《ふく》の色《いろ》や髪形《かみがた》、しぐさまで、不思議《ふしぎ》にはっきりと思《おも》い出《だ》すのである。

手島先生には、「つづり方《かた》がとても、じょうずに書けています」と、全学年《ぜんがくねん》から二人だけ選《えら》ばれて、ほめてもらったことがあった。つづり方とは、今《いま》でいう作文《さくぶん》である。照《て》れくさい気《き》もしたが、とてもうれしかった。

「心《こころ》からほめられる」ことは、だれでもうれしい。「自信《じしん》」になる。

体《からだ》の弱《よわ》かった私が、文筆《ぶんぴつ》の道《みち》で生《い》きていきたいと思うようになったのも、手島先生にほめられた影響《えいきょう》が大《おお》きいのかもしれない。

私が通《かよ》ったのは、東京《とうきょう》の羽田第《はねだだい》二尋常小学校《じんじょうしょうがっこう》である。木造《もくぞう》二階建《かいだ》ての校舎《こうしゃ》であった。今《いま》は、大田区立糀谷小学校《おおたくりつこうじや》となっている。

当時《とうじ》は、羽田もまだ大変《たいへん》な田舎《いなか》で、学校のまわりは緑《みどり》の田園《でんえん》である。冬《ふゆ》の寒《さむ》い日《ひ》には、霜《しも》が降《お》り、田《た》んぼが凍《こお》りついていた。そんな時《とき》、われわれ悪童一同《あくどういちどう》は喜《よろこ》び勇《いさ》んで、道《みち》を通《とお》らずに、「こっちだ、こっちだ」と、田んぼを突《つ》っ切《き》って学校へ行《い》ったものである。

のどかな時代《じだい》であった。

しかし、時代の流《なが》れは速《はや》い。このころ日本は、暗《くら》く、重苦《おもくる》しい時代へと足《あし》を踏《ふ》み入《い》れていた。

私が三歳《さい》の時に「満州事変《まんしゅうじへん》」、四歳の時には「五・一五事件《じけん》」、五歳の時には「国際《こくさい》連盟脱退《れんめいだったい》」。

幼《おさな》い私たちには、世《よ》の中の動《うご》きなどわかるはずもなかったが、その波《なみ》は教室《きょうしつ》にまで、ひたひたと押《お》し寄《よ》せていた。

『サクラ読本《とくほん》』の「サイタ　サイタ……」の数《すう》ページ後には、「ススメ　ススメ　ヘイタイ　ススメ」と書《か》かれていたし、教室には神棚《かみだな》がつけられていった。

春《はる》はめぐり、また桜《さくら》の季節《きせつ》。二年生の担任《たんにん》も女《おんな》の先生《せんせい》だった。日置《ひおき》先生という。手《て》島《しま》先生よりも少《すこ》し背《せ》が低《ひく》く、ふくよかな先生であった。

優《やさ》しさと厳《きび》しさを調和《ちょうわ》よく持たれていた。

このころ、我《わ》が家《や》では大《だい》事件が起《お》こった。父《ちち》がリウマチを患《わずら》い、寝《ね》たきりになってしまったのだ。家業《かぎょう》の海苔《のり》製造業《せいぞうぎょう》も縮小《しゅくしょう》せざるをえなくなった。

生活《せいかつ》は、日《ひ》に日に苦しくなっていく。長兄《ちょうけい》は、成績《せいせき》も優秀《ゆうしゅう》だったが、家計《かけい》を助《たす》けるために中学校《ちゅうがっこう》をやめて、働《はたら》くことになったようである。

父の代《か》わりに、何かと多忙《たぼう》を極《きわ》めていた兄《あに》の一日《いちにち》一日の動作《どうさ》を、今《いま》も忘《わす》れることができない。

強い体になれ！

三年生と四年生の先生は、竹内欽吾《たけうちきんご》先生。初《はじ》めての男《おとこ》の先生であった。師範《しはん》学校を出《で》たばかりで、若《わか》く、生気《せいき》に満《み》ち満ちておられた。

竹内先生《たけうちせんせい》は、非常《ひじょう》に体育《たいいく》に力《ちから》を入《い》れておられた。

「若《わか》い時《とき》から体《からだ》を鍛《きた》えなければ、いくら頭脳《ずのう》が優秀《ゆうしゅう》であっても、将来《しょうらい》、社会《しゃかい》に出《で》た時に何の役《やく》にも立《た》たなくなってしまう。健康第一《けんこうだいいち》である。そして勉学《べんがく》第一である。両者《りょうしゃ》が伴《ともな》ってこそ真実《しんじつ》の教育《きょういく》というのだ」

これが竹内先生の教育モットーであられたように思う。

どちらかというと背《せ》が低《ひく》く、体の弱《よわ》かった私にとっては、それはそれは、並《なみ》たいていのことではなかった。

強《つよ》い体になれ！　健康になれ！　と励《はげ》まされたことは、今《いま》でも涙《なみだ》が出《で》るほどの思《おも》い出《で》の一つである。

その竹内先生も一九九九年（平成十一年）に逝去《せいきょ》され、私は今でも仏法者《ぶっぽうしゃ》として一回も追善《ついぜん》を欠《か》かしたことはない。本当《ほんとう》に立派《りっぱ》な先生であられた。

ある時、先生は、オリンピックの意義《いぎ》や、どういう方法《ほうほう》でなされるか等々、細《こま》かに教《おし》えてくださった。

ちょうど、その年《とし》に、ドイツでベルリン・オリンピックが開《ひら》かれていた。

先生は、オリンピックについても、非常にくわしく知《し》っておられた。

そして「オリンピックが四年に一度《ど》、盛大《せいだい》になされれば、それは平和《へいわ》に通《つう》ずる。一《いち》番《ばん》の大切《たいせつ》な道《みち》である」と訴《うった》えておられた。

戦争《せんそう》の大嫌《だいきら》いな先生であられた。「平和でなければ、少年《しょうねん》を、平和を愛《あい》する立派な人間に育《そだ》てられない」

先生の根底《こんてい》には、時流《じりゅう》に反《はん》しての、そういう心境《しんきょう》があられたと思われる。

「桜守り」

古来《こらい》、桜《さくら》を育《そだ》てる人は「桜守《も》り」と呼《よ》ばれてきた。

「子守り」するように、桜を見守り、励《はげ》まし、世話《せわ》をし、一緒《いっしょ》に四季《しき》を重《かさ》ねていく人のことである。各地《かくち》の名高《なだか》い桜にも、陰《かげ》に、そういう「桜守り」の人たちの努力《どりょく》がある。

「守り」というのは、同じ「まもる」でも、「保護《ほご》」とは違《ちが》うようだ。

「保護」は、今《いま》の状態《じょうたい》を保《たも》たせるという意味《いみ》あいが強《つよ》いが、「守り」は、未来《みらい》へ伸《の》びていく命《いのち》を信《しん》じて、その成長《せいちょう》に仕《つか》えていこうという心《こころ》である。

だから、「守《も》り」をする人は、木《き》をいじりすぎない。基本《きほん》は、放《ほう》っておく。しかし、目《め》は離《はな》さない。細《こま》かく見ながら、大《おお》きくまかせていく。

例《たと》えば、心配《しんぱい》だからといって、早《はや》くから添《そ》え木《ぎ》をしたりすると、木はそれに頼《たよ》って、自力《じりき》で大きくなろうとしなくなる。

とくに大事《だいじ》なのは「根《ね》」である。

くわしい人に聞《き》くと、桜《さくら》の場合《ばあい》は、枝《えだ》の広《ひろ》がりとほぼ同《おな》じ広さにまで、地下《ちか》で根を広げていくそうである。それを知《し》らないで、幹《みき》の根元《もと》にばかり水《みず》をやっていると、どうなるか。

「桜は、苦労《くろう》しないでも水を得《え》られるので、根を遠《とお》くまで伸ばそうとしなくなるんです」

根とは人間で言えば、根性《こんじょう》――不屈《ふくつ》の心であろうか。根さえしっかり張《は》っていれば、木は、そこが風吹《かぜふ》きつける岩山《いわやま》であろうと生《い》きていく。

木は「生きもの」である。機械《きかい》ではない。同《おな》じ桜でも、一本一本《いっぽん》それぞれ違《ちが》いがある。育ってきた環境《かんきょう》も違う。

だから「こうしたら、うまく育《そだ》つ」という教科書《きょうかしょ》はない。その木の性格《せいかく》や癖《くせ》をよく知って、それにこちらが合《あ》わせて、温《あたた》かく「守《も》り」をするしかない。

子どもも、みんな違う。それぞれに、その子だけの、その子らしい「花《はな》」がある。

木を育てるのも、人を育てるのも、「育てる」ためには「育ってくる」のを信《しん》じて待《ま》つ忍耐《にんたい》が必要《ひつよう》なのだろう。

今、どんなに成績《せいせき》が悪《わる》くても、どんなに手《て》に負《お》えない規格外《きかくはず》れの子でも、将来《しょうらい》、どんな面白《おもしろ》いこと、素晴《すば》らしいことをする人間になるかわからない。

そう信じる愛情《あいじょう》の深《ふか》さの分《ぶん》だけ、子どもたちは伸び伸びと、「生き抜《ぬ》く力」という根っこを張《は》り広げていけるのではないだろうか。

よく知っているつもりの子が、何かのきっかけで、びっくりするほど変《か》わることも珍《めずら》しくない。

自然保護《しぜんほご》などの「保護」には、相手《あいて》を弱《よわ》いものと見る目がある。

しかし、「守《も》り」には、相手《あいて》を、どこまで伸《の》びるかわからない「可能性《かのうせい》のかたまり」として畏敬《いけい》する心《こころ》がある。

教育《きょういく》も、「子どもへの畏敬」が根本《こんぽん》ではないだろうか。「後生畏《こうせいおそ》るべし」である。

読み聞かせ授業

五、六年の担任《たんにん》は、桧山浩平先生《ひやまこうへいせんせい》であった。

当時《とうじ》は、二十五、六歳《さい》であられたと思う。広《ひろ》い額《ひたい》に、きりっとした目《め》が大変《たいへん》に知性《ちせい》的《てき》であられた。面長《おもなが》で、長身《ちょうしん》であられた。

先生の授業《じゅぎょう》は、厳《きび》しい時《とき》も当然《とうぜん》あったが、とても面白《おもしろ》かった。

授業の合間《あいま》には、吉川英治《よしかわえいじ》の小説《しょうせつ》『宮本武蔵《みやもとむさし》』を読《よ》んでくださった。身《み》ぶりや手《て》ぶりをまじえ、抑揚《よくよう》をきかせて、ドラマチックに読んでくださるのである。私たちは、ぐいぐいと物語《ものがたり》に引《ひ》きこまれた。武蔵が走《はし》り、小次郎《こじろう》が剣《けん》を振《ふ》るう姿《すがた》が、ありありと目に浮《う》かんだ。一年近《ちか》くかけて、先生は全巻《ぜんかん》を読んでくださった。

ある授業では、桧山先生は、大《おお》きな世界地図《せかいちず》を見せながら、「みんなは世界のどこに行きたいか」と聞《き》いた。

私は、広々《ひろびろ》としたアジア大陸《たいりく》の真《ま》ん中《なか》あたりを指《ゆび》さした。

桧山先生は「そうか！　池田君《いけだくん》、そこは敦煌《とんこう》といって、素晴《すば》らしい宝物《たからもの》がいっぱいあるところだぞ」と話《はな》してくださった。その時から私の心《こころ》に、敦煌への大《おお》いなるあこがれが芽生《めば》えたのである。


私が中国《ちゅうごく》を指さしたのは、敬愛《けいあい》していた長兄《ちょうけい》が出征《しゅっせい》し、中国に行っていたからかもしれない。兄《あに》の出征は私が四年生の時であった。その後、次兄《じけい》も、三兄《さんけい》も、次々と兵《へい》隊《たい》に取《と》られていった。

父《ちち》のリウマチは快方《かいほう》に向《む》かっていたが、男手《おとこで》が少《すく》なくなったわが家《や》の家計《かけい》は、いよいよ厳《きび》しさに流《なが》されていった。私が五年生の時には、とうとう屋敷《やしき》を手放《てばな》し、糀谷《こうじや》の二丁目《ちょうめ》の方《ほう》に引《ひ》っ越《こ》したのである。

それまで住《す》んでいた糀谷三丁目の家《いえ》は、庭《にわ》も広《ひろ》く、池《いけ》も大《おお》きく、大きな桜《さくら》の木《き》もあった。

桜の花《はな》は、根《ね》の方《ほう》を向《む》いて咲《さ》く。だから、木の下《した》の花陰《はなかげ》から仰《あお》ぐと、春《はる》の青空《あおぞら》の中から、無数《むすう》の花の鈴《すず》が降《ふ》ってくるように見《み》えた。

大好《だいす》きな桜の木と別《わか》れるのは、つらかった。

しかし、学校《がっこう》だけは変《か》わらずにすんで、助《たす》かった。

少《すこ》しでも家計《かけい》を助けたいと思った私は、六年生から新聞配達《しんぶんはいたつ》を始《はじ》めた。

朝《あさ》は、まだ暗《くら》いうちに起《お》きて、海苔作《のりづく》りの作業《さぎょう》を手伝《てつだ》ったりした。終《お》わると、朝刊《ちょうかん》を配達してから学校へ。学校から帰《かえ》ってきて海苔はがし。夕刊《ゆうかん》の配達。夜《よる》は海苔のゴミとり作業――私にとっては、なかなか多忙《たぼう》な一日《いちにち》一日であったことが懐《なつ》かしい。

ただ、こんな生活《せいかつ》は、もともと強《つよ》くない私の体《からだ》を疲《つか》れさせた。通信簿《つうしんぼ》には「腺病《せんびょう》質《しつ》」と書《か》いてあったと記憶《きおく》する。

関西へ修学旅行

六年生のとき、関西地方《かんさいちほう》に修学旅行《しゅうがくりょこう》に行った。四泊五日《よんぱくいつか》で、伊勢《いせ》へ、奈良《なら》へ、京都《きょうと》へ――生《う》まれて初《はじ》めての長《なが》い旅《たび》に、心《こころ》ははずんだ。

母《はは》がやりくりして渡《わた》してくれたお小遣《こづか》いを、私は、どんどん友達《ともだち》におごってしまい、一日目《め》で、ほとんど使《つか》い果《は》たしてしまった。

桧山先生《ひやませんせい》は、そんな私を、じっと見ていてくださったのであろう。

私たちが泊《と》まっていた旅館《りょかん》の階段《かいだん》の途中《とちゅう》で、先生に呼《よ》びとめられた。

「池田君《いけだくん》、君《きみ》のお兄《にい》さんたちは皆《みな》、戦争《せんそう》に行っているんじゃないか。お父《とう》さんや、お母《かあ》さんに、おみやげを買《か》ってあげなけりゃいけませんよ」

私はしょんぼりした。先生の言《い》う通《とお》りだ。母の顔《かお》が浮《う》かんだ。

その時《とき》、桧山先生は、ほほ笑《え》んで、私を階段の陰《かげ》に呼び、お小遣いを、そっと手《て》に握《にぎ》らせてくださったのである！

それは、一円札《えんさつ》が二枚《まい》であったと思う。当時《とうじ》の一円は大変《たいへん》な金額《きんがく》であった。

うれしかった。ほっとした。

家《いえ》に帰《かえ》って、母《はは》におみやげを渡《わた》し、そのことを話《はな》した。母は「桧山先生《ひやませんせい》のことを、決《けっ》して忘《わす》れてはいけませんよ」と言って、優《やさ》しく私の目《め》を見た。

桧山先生は、決して私を特別《とくべつ》あつかいしていたのではなかった。えこひいきするような先生であったら、あれほど多《おお》くの生徒《せいと》から慕《した》われなかっただろう。

先生は、すべての生徒を公平《こうへい》な目で見つめ、その心《こころ》の中までのぞきこみ、家庭《かてい》という土壌《どじょう》にまで気《き》を配《くば》っておられたのだと思う。

あの「桜守《さくらも》り」のように――。

卒業式《そつぎょうしき》の時《とき》、一人《ひとり》ひとりを見つめながら、大粒《おおつぶ》の涙《なみだ》を流《なが》されていた桧山先生の慈《じ》顔《がん》を忘れることができない。

熱血漢・海賊先生

一九四〇年（昭和十五年）、尋常小学校《じんじょうしょうがっこう》を卒業した私は、羽田高等《はねだこうとう》小学校に進学した。中学校《ちゅうがっこう》に行《い》きたかったのはもちろんだが、家の事情《じじょう》が許《ゆる》さなかった。

高等小学校は、二年で卒業である。二年間《かん》とも、担任《たんにん》は「海賊先生《かいぞく》」——岡辺克海《おかべかつみ》先生という名教師《めいきょうし》であった。

「ぼくはね、昔《むかし》、瀬戸内海《せとないかい》の海賊を指図《さしず》していたかもしれないんだ」と、皆《みな》を笑《わら》わせながら語《かた》る先生は、岡山県《おかやまけん》の出身《しゅっしん》。背《せ》も高《たか》く、髪《かみ》が黒々《くろぐろ》として、精悍《せいかん》な、英知《えいち》にあふれる風貌《ふうぼう》であられた。

男《おとこ》ばかり四十数人《すうにん》のクラスである。体《からだ》が丈夫《じょうぶ》でなかった私は、先生から、よく運動《うんどう》を奨励《しょうれい》された。

岡辺先生は相撲《すもう》がお好《す》きで、まわし姿《すがた》になって、生徒《せいと》と一緒《いっしょ》に相撲をとってくださった。私も、体が小さいなりに、技《わざ》を工夫《くふう》して頑張《がんば》ったものである。

夏《なつ》になると、裸《はだか》になって近《ちか》くの多摩川《たまがわ》まで走《はし》っていき、泳《およ》がされたこともあった。

一見《いっけん》、こわそうに見える岡辺先生であられたが、こわいと感《かん》じたことは一回《いっかい》もなかった。私が比較的《ひかくてき》おとなしかったせいもあろうが、叱《しか》られた記憶《きおく》はない。

あるとき、クラスの生徒が、他《ほか》の先生に殴《なぐ》られた。それを聞《き》くなり、岡辺先生は

「俺《おれ》の生徒《せいと》を殴《なぐ》ったのは、だれだ！」と教員室《きょういんしつ》に駆《か》けこんで行った。そんな、正義感《せいぎかん》の強《つよ》い先生《せんせい》であった。荒《あら》っぽいように見える姿《すがた》のなかに、生徒は皆《みな》、先生の燃《も》える愛《あい》情《じょう》を受《う》け取《と》っていた。

二年生になると（一九四一年）、羽田《はねだ》高等《こうとう》小学校《しょうがっこう》は、「国民学校令《こくみんがっこうれい》」によって「萩《はぎ》中《なか》国民学校」に変《か》わった。

「国民学校令」からは、子どもたちをも「軍国主義《ぐんこくしゅぎ》の戦士《せんし》」にしようという軍鼓《ぐんこ》の響《ひび》きが勇《いさ》ましく聞《き》こえてきた。

学校でも「皇国民《こうこくみん》」「錬成《れんせい》」「団体訓練《だんたいくんれん》」といった言葉《ことば》が、ひんぱんに使《つか》われ、多《おお》くの学校で、体育館《たいいくかん》が「武道場《ぶどうじょう》」に変わっていった。

日本は、日中戦争《にっちゅうせんそう》から太平洋《たいへいよう》戦争へと、ずるずると引《ひ》きずりこまれていった。時《とき》の権力者《けんりょくしゃ》が、愚《おろ》かにも国民を忘《わす》れて傲慢《ごうまん》になり、鞭《むち》を振《ふ》りながら、また、うまいことを言《い》いながら、地獄《じごく》の戦争へと引っ張《ぱ》っていったのである。

一般《いっぱん》の生活《せいかつ》は一日《いちにち》一日と窮乏《きゅうぼう》し、燃《も》えやすい桜《さくら》の木《き》は燃料用《ねんりょうよう》に、どんどん伐《き》られていった。

「桜を植《う》えるひまがあったら、芋《いも》を植えろ！」という時世《じせい》になってしまった。

幼《おさな》き日《ひ》の思《おも》い出《で》の庭《にわ》に咲《さ》いていた桜の木も、いつしか伐られ、あとには軍需工場《ぐんじゅこうじょう》が建《た》っていた。

師恩は永遠に

私は若《わか》き日の大切《たいせつ》な思い出の恩師《おんし》を忘《わす》れたことはない。今《いま》にいたるまで、ずっと先生がたとの交流《こうりゅう》を続《つづ》けさせていただいている。

岡辺《おかべ》先生は、ある時は「雑草《ざっそう》のように強《つよ》く生きてください」と、つづってきてくださった。

また、ある時は「大木《たいぼく》になればなるほど風当《かぜあ》りも一段《だん》と強くなるものですが、どうぞ風雪《ふうせつ》に耐《た》えて……」と励《はげ》ましの手紙《てがみ》をくださったこともある。

桧山《ひやま》先生とは、一九七三年（昭和四十八年）、栃木県《とちぎけん》で再会《さいかい》することができた。

木枯《こが》らしが吹《ふ》く、寒《さむ》い晩秋《ばんしゅう》だった。そんな日《ひ》にもかかわらず、会場《かいじょう》に着《つ》くと、桧山《ひやま》先生《せんせい》が奥様《おくさま》とともに待《ま》っていてくださった。

「今日《きょう》、会《あ》えなかったら、生涯《しょうがい》、会えないような気《き》がして……」と、バスで一時間半も揺《ゆ》られ、わざわざ来《き》てくださったという。栃木県《とちぎけん》の小学校校長《しょうがっこうこうちょう》を定年退職《ていねんたいしょく》され、悠々自適《ゆうゆうじてき》の人生《じんせい》を送《おく》っておられた。

三十年以上《いじょう》もお会いしていなかったが、桧山先生の広《ひろ》い額《ひたい》は、そのままであられた。多《おお》くの子どもたちを立派《りっぱ》に育《そだ》ててこられた大教育者《だいきょういくしゃ》の風格《ふうかく》をば、今《いま》なお、お持《も》ちであられた。

先生は「休《やす》む暇《ひま》もないようですね。体《からだ》をこわさないように、頑張《がんば》ってください」と言ってくださった。あの修学旅行《しゅうがくりょこう》の時《とき》と変《か》わらぬ温《あたた》かい目《め》であった。

先生の前《まえ》で、私は少年時代《しょうねんじだい》にもどったような気がした。教《おし》え子《ご》にとって、先生はいつまでも先生である。先生にとっても、教え子はいつまでも「あの子」であり、「この子」なのであろう。

毎年、桧山先生は、年賀《ねんが》のはがきをくださった。ご高齢《こうれい》だけに、便《たよ》りを書《か》くのも大《たい》変《へん》であったに違《ちが》いない。

実《じつ》は、もう年賀状《じょう》を書かないことにされていたところ、わざわざ私のために年賀はがきを一枚買《まいか》ってこられ、送《おく》ってくださったと、後《あと》からうかがった。師《し》とは、ありがたいものである。

せめてもの御礼《おれい》に、私が撮影《さつえい》した写真集《しゃしんしゅう》を贈《おく》らせていただいたこともある。本《ほん》の扉《とびら》に「経師《きょうし》は遇《あ》い易《やす》く　人師《にん》は遇い難《がた》し」との一文《ぶん》を添《そ》えた。

知識《ちしき》を与《あた》える教師《きょうし》に会《あ》うことは、やさしい。しかし、人間の生《い》き方《かた》を教《おし》えてくれる教師に会うことは難《むずか》しい。私の心《こころ》からの実感《じっかん》であった。

よき師に恵まれ幸せ

小学校の先生より、高校《こうこう》の先生が偉《えら》いのか。高校の先生より、大学《だいがく》の教授《きょうじゅ》のほうが偉いのか。絶対《ぜったい》にそうではない。そういう錯覚《さっかく》から、社会《しゃかい》の行《い》き詰《づ》まりが始《はじ》まったのだ。

何かを論《ろん》じる人は、その何かより自分《じぶん》が偉《えら》いように勘違《かんちが》いしてしまう。

しかし、建築《けんちく》を論《ろん》じる人が、実際《じっさい》に家《いえ》を建《た》てる大工《だいく》さんより偉《えら》いわけではない。農《のう》業《ぎょう》を論じる人が、野菜《やさい》やお米《こめ》を作《つく》る人より生産的《せいさんてき》であるわけではない。今《いま》、日本は、論じる人ばかり多《おお》く、自《みずか》ら苦労《くろう》する人は少《すく》ない国《くに》になってしまった。桜《さくら》も、花《はな》を愛《め》でる人は多いが、陰《かげ》の「桜守《も》り」に感謝《かんしゃ》する人は少ない。教育者《きょういくしゃ》の一生《いっしょう》も、華《はな》やかさは、まったくない。目立《めだ》たない、苦労ばかり多い仕事《しごと》の連続《れんぞく》であろう。

しかし、そうやって、心《こころ》をこめて未来《みらい》を育《はぐく》んでいる先生《せんせい》がたがおられるからこそ、次代《じだい》の「人材《じんざい》の桜並木《なみき》」は、きちんと法則的《ほうそくてき》にできあがっていくのである。この尊《たっと》き事実《じじつ》を絶対《ぜったい》に忘《わす》れてはならない。

「小学校《しょうがっこう》の教員《きょういん》は権力《けんりょく》の代表者《だいひょうしゃ》ではなく、人間性《にんげんせい》の代表者である」（ペギー著『悲惨と嘆願』長戸路信行訳、中央出版社）とは、フランスの哲学者《てつがくしゃ》ペギーの有名《ゆうめい》な言葉《ことば》である。

国家《こっか》の権力が、ずっしりと重《おも》くのしかかる時代《じだい》にあって、私が出会《であ》った先生がたは、生徒《せいと》に人間性の光《ひかり》をいっぱいに注《そそ》いでくださった。

真剣《しんけん》に教鞭《きょうべん》を執《と》られる現代《げんだい》の先生がたと同《おな》じように、「権力による教育への介入《かいにゅう》」

に悩《なや》みながらも、子どもたちを固《かた》く抱《だ》きしめて、一緒《いっしょ》に生《い》きてくださった。

よき師《し》に恵《めぐ》まれることが人生《じんせい》の幸《しあわ》せだとすれば、私は最大《さいだい》の幸せ者《もの》であると思っている。

東洋商業の恩師

励ましこそ人間教育の根本

私が東洋商業《とうようしょうぎょう》の夜間部《やかんぶ》に通《かよ》っていたとき、二人の忘《わす》れ得《え》ぬ先生《せんせい》がいた。〈一九四五年（昭和二十年）九月、東洋商業夜間部に編入〉

一人は英語《えいご》の先生である。私たち学生《がくせい》が、昼《ひる》、働《はたら》いて、疲《つか》れて学校《がっこう》に行《い》くと、優《やさ》しくねぎらい、迎《むか》えてくれた。時《とき》には「おれの英語わかるかな？」と言《い》われながら、「遠慮《えんりょ》なく、ぶつかって、何でも言ってくれたまえ」と、大《おお》きな声《こえ》で、迫力《はくりょく》ある授業《じゅぎょう》をしてくださった。今《いま》でも忘れられない。

もう一人は、珠算《しゅざん》――ソロバンの先生だ。ソロバンが大《だい》の苦手《にがて》の私が悪《わる》い点数《てんすう》を取《と》ったとき、先生は、そっと水道橋《すいどうばし》の喫茶店《きっさてん》でコーヒーをご馳走《ちそう》してくれた。

「池田君《いけだくん》は、ほかの科目《かもく》は成績《せいせき》がいいのに、残念《ざんねん》だろう」――温《あたた》かく励《はげ》ましてくださった姿《すがた》は、今《いま》も心《こころ》から離《はな》れない。そして、こういう教育者《きょういくしゃ》でありたいと、私は、ずっと思ってきた。

生命の芸術

牧口《まきぐち》先生の『創価《そうか》教育学体系《がくたいけい》』には、次《つぎ》のように記《しる》されている。
「教育は最優良《さいゆうりょう》の人材《じんざい》でなければ成功《せいこう》することのできない、人生最高至難《じんせいさいこうしなん》の技術《ぎじゅつ》であり、芸術《げいじゅつ》である。それは、教育が世《よ》の中で、何ものにもかえがたい『生命《せいめい》という無上《むじょう》宝珠《ほうじゅ》』を対象《たいしょう》としているからである」（教育方法論・緒論、趣意）
人間の生命は、「宝《たから》の珠《たま》」のように尊《たっと》い。その生命を対象とするのが教育である。ゆえに教育こそ最高の「聖業《せいぎょう》」であり、教育者こそ最高の「使命《しめい》ある人」である。
これが、牧口先生の確信《かくしん》であった。

第三章　教育は聖業

燃える心

不登校《ふとうこう》、いじめ、非行《ひこう》、自殺《じさつ》……。追《お》い詰《つ》められた子どもたちの「うめき」に、私は胸《むね》を痛《いた》めている。

また、教育《きょういく》に携《たずさ》わる先生方《せんせいがた》が、どれほど悩《なや》み、苦闘《くとう》されているかを思《おも》うと、強《つよ》く胸を打たれる。

深刻《しんこく》な問題《もんだい》をかかえた子どもも多《おお》いにちがいない。しかも、問題の根《ね》をたどれば、家庭《かてい》や社会《しゃかい》に行《い》き当《あ》たらざるをえない。

一教師《いちきょうし》の力《ちから》で、いったい何ができるのかという、疑問《ぎもん》を感《かん》じることもあろう。

しかし、深《ふか》い闇《やみ》に閉《と》ざされた、迷路《めいろ》のごとき状況《じょうきょう》であるからこそ、教育者の使命《しめい》は、あまりにも大《おお》きい。

いかなる時代《じだい》も、子どもにとって、教師こそ最大《さいだい》の教育環境《かんきょう》であることに変《か》わりはない。

目《め》は不自由《ふじゆう》、耳《みみ》も聞《き》こえない、話《はな》すこともできない、「三重苦《さんじゅうく》」のヘレン・ケラーが、サリバン先生という一人の教師と出会《であ》って、人生《じんせい》を一変《いっぺん》させた話《はなし》は、よく知《し》られている。

特に、ポンプからほとばしる水《みず》を手《て》に受《う》けた瞬間《しゅんかん》、それが「WATER（水）」という名前《なまえ》をもっていると知り、英知《えいち》の窓《まど》が一気《いっき》に開《ひら》かれたことは、大変《たいへん》に有名《ゆうめい》である。

しかし、サリバン先生によれば、それは「彼女《かのじょ》の教育で大事《だいじ》な第二歩」であったという。

——では、「第一歩」は何であったか。

ヘレンと接《せっ》するようになってから二週間余《しゅうかんあま》りが過《す》ぎたころ、ヘレンが、サリバン先生のキスを受《う》け、ひざの上《うえ》に乗《の》ったりするようになったことである。

それまでは、サリバン先生を拒否《きょひ》し、野獣《やじゅう》のように暴《あば》れ回《まわ》ることの連続《れんぞく》であった。

だが、寝食《しんしょく》を共《とも》にするなかで、ヘレンは、先生と一緒《いっしょ》にいることを受け入《い》れるようになったのである。

「信頼《しんらい》」が生《う》まれたのだ。この信頼の基盤《きばん》のうえに、あの奇跡的《きせきてき》な、人間教育《きょういく》の大樹《たいじゅ》が育《はぐく》まれていったのである。

子どもの幸福を願う

教育の根本目的《こんぽんもくてき》は何か。

創価《そうか》教育の父《ちち》・牧口先生《まきぐちせんせい》は、それは「子どもの幸福《こうふく》にある」と断言《だんげん》された。

今日《こんにち》の教育の混迷《こんめい》の最大《さいだい》の要因《よういん》は、この、何のための教育かという、原点《げんてん》が見失《みうしな》われていることにあるように思える。

子どもは、教師が自分《じぶん》の幸福を願《ねが》っていることを感《かん》じてこそ、信頼もし、心《こころ》を開《ひら》くのである。

また、子どもの幸福を真剣《しんけん》に考《かんが》えてこそ、初《はじ》めて子どもの性格《せいかく》も、才能《さいのう》も、問題点《もんだいてん》も見えてくるといえよう。

かつて、小説《しょうせつ》『人間革命《にんげんかくめい》』の挿絵《さしえ》を担当《たんとう》してくださった三芳悌吉《みよしていきち》画伯《がはく》の、こんな話《はなし》を伺《うかが》ったことがある。

——小学校《しょうがっこう》二年生の時《とき》、母親《ははおや》が学校《がっこう》に行くと、壁《かべ》に子どもたちの絵《え》が、張《は》り出《だ》されていた。

皆《みな》、鶏《にわとり》の絵であるが、どの子も、描《えが》いているのは、一、二羽《わ》である。

しかし、三芳少年《しょうねん》の絵には、篭《かご》の中の雄鳥《おんどり》、雌鳥《めんどり》を中心《ちゅうしん》に、餌《えさ》をついばんだり、駆《か》けたり、空《そら》を飛《と》んだりしている、たくさんのヒヨコが描かれていた。

担任《たんにん》の教師は言った。

「おもしろく楽《たの》しい絵です。特別上手《とくべつじょうず》とはいえませんが、こんな絵は初めてです。絵を描きたいといったら、紙《かみ》や鉛筆《えんぴつ》を惜《お》しまず与《あた》えてやってください」

以来《いらい》、母親は、貧《まず》しい暮《く》らしのなかでも、紙と鉛筆はふんだんに与えてくれたという。

教師のアドバイスがなければ、「画伯」の誕生《たんじょう》はなかったかもしれない。

この教師の鋭《するど》い洞察眼《どうさつがん》もまた、一人《ひとり》ひとりの児童《じどう》の、将来《しょうらい》を考える、強《つよ》い思《おも》いやりが育んだものといえよう。

戸田先生《とだせんせい》は、牧口《まきぐち》先生の教育学説《きょういくがくせつ》を実践《じっせん》しようと、私塾《しじゅく》「時習学館《じしゅうがっかん》」を開設《かいせつ》されたが、ここから、さまざまな人材《じんざい》が出《で》ている。

ゲーテ研究《けんきゅう》の大家《たいか》として知《し》られる、ドイツ文学者《ぶんがくしゃ》の山下肇《やましたはじめ》先生も、教《おし》え子《ご》の一人である。

山下先生は、こう述懐《じゅっかい》されている。

「戸田先生自身《じしん》が燃《も》えていたんですね。我々が接《せっ》していても、何か熱《あつ》いものを感《かん》じた。触《ふ》れると火傷《やけど》しそうな熱気《ねっき》、覇気《はき》というか——。話《はなし》をしていても、そういう迫力《はくりょく》がじかに伝《つた》わってきました」

実《じつ》は、そこにこそ、教育の要諦《ようてい》がある。

教育とは、幸福《こうふく》を築《きず》く力《ちから》を開花《かいか》させる、生命《せいめい》の触発作業《しょくはつさぎょう》であり、その触発の源泉《げんせん》こそ、教師の、子どもたちを思う「燃える心《こころ》」である。

子どもと徹《てっ》してかかわる勇気《ゆうき》も、探求心《たんきゅうしん》も、創意工夫《そういくふう》も、情熱《じょうねつ》の産物《さんぶつ》である。

そして、情熱は、使命《しめい》の自覚《じかく》から生《う》まれるのだ。

私も、教育に生命をかける決意《けつい》をしている一人である。
未来《みらい》を決《けっ》し、平和《へいわ》と価値《かち》を創造《そうぞう》する根幹《こんかん》こそ、教育であるからだ。

人間の優しさ

トルコ共和国《きょうわこく》・アンカラ大学《だいがく》のセリーン博士《はかせ》には、お会《あ》いしただれもがほっとする温容《おんよう》がある。絶対《ぜったい》にいばらず、淡々《たんたん》とした誠実《せいじつ》そのもののお人柄《ひとがら》である。

「私の力《ちから》はどこからくるのか。それは友人《ゆうじん》からです。私も、自分《じぶん》のためには何もほしいと思いません。いつも他人《たにん》のためになることだけを考《かんが》えてきました。人間、きょうは良《よ》くても、あすはどうなるかわからない。だから人間は互《たが》いに助《たす》け合《あ》うべきなのです」

博士は総長時代《そうちょうじだい》、学生《がくせい》の援助《えんじょ》のため、アンカラ大学基金《ききん》をつくられた。このおかげで、ある学生は肝臓《かんぞう》の手術《しゅじゅつ》をアメリカで受《う》け、別《べつ》の学生は脳《のう》の手術をスウェーデンで受けることができた。

「私が若者《わかもの》に言いたいのも『他人を助けなさい』ということです。エゴはいけません。目先《めさき》のことではなく、長《なが》い目《め》で、家族《かぞく》のため、社会《しゃかい》のために尽《つ》くせるよう成長《せいちょう》してほしいのです」

博士は、日本での語《かた》らいでも「『ひとつのパンがあれば、半分《はんぶん》は貧《まず》しい人に分《わ》かち合う』。これがトルコの国民性《こくみんせい》です」と教《おし》えてくださった。

人間として、だれが「優《すぐ》れて」いるのか。それは人の痛《いた》みを分かち合える「優《やさ》しさ」を持《も》つ人ではないだろうか。その人こそ「優秀《ゆうしゅう》」な人なのではないだろうか。

ある人から聞《き》いた。小学生《しょうがくせい》のころ、貧しくて家庭訪問《かていほうもん》の日がいやだった。教師《きょうし》が来《き》ても、出《だ》す座《ざ》ブトンもない。母親《ははおや》が隣家《りんか》から借《か》りてきた。普段《ふだん》は見たこともないお菓《か》子《し》も無理《むり》して用意《ようい》した。しかし教師は汚《よご》れた座ブトンに座《すわ》ろうとせず、お菓子にも手《て》をつけなかった。それでも母《はは》は、お菓子を包《つつ》んで「どうぞ」と渡《わた》した。

だが教師は、外《そと》へ出ると包みを捨《す》ててしまった。それを少年《しょうねん》は、じっと見ていた。拾《ひろ》って食《た》べようかと思ったが、母親が頑《がん》として許《ゆる》さなかった。「そんなもん、さわったらいかん！」。あの時《とき》の母《はは》のくやし涙《なみだ》が何十年たった今《いま》も忘《わす》れられない、と。

人の思い、子どもの悲《かな》しみをわからずして、どうして人間が育《そだ》てられようか。

人間が機械《きかい》になったかのように、心《こころ》が心に通《つう》じない社会《しゃかい》の不気味《ぶきみ》さ。問《と》われているのは、日本社会の根底《こんてい》の価値観《かちかん》である。

人格で光れ！

二十世紀《せいき》を代表《だいひょう》する大科学者《だいかがくしゃ》、アインシュタイン博士《はかせ》は言う。

――人間の価値は、その人が社会《しゃかい》から「受《う》けとるもの」でなく、社会に「与《あた》えるもの」によって決《き》まります。

〝仕事《しごと》は、自分自身《じぶんじしん》の喜《よろこ》びである。それと同時《どうじ》に、社会にとって、価値をもっているのだ〟こうした精神《せいしん》に、若《わか》い人々《ひとびと》を目覚《めざ》めさせていかねばなりません――。

そして博士は、「この精神が学校《がっこう》にゆき渡《わた》るためには、どのようにすればいいのでしょうか？」と問《と》いかけ、「第《だい》一に、教師《きょうし》がそのような学校を出《で》ていなければなりません」と強調《きょうちょう》したのである。（「教育について」。『晩年に想う』所収、市井三郎訳、講談社）

社会に価値を創造する「創価《そうか》の哲学《てつがく》」をもった教育者《きょういくしゃ》、なかんずく創価学園《がくえん》・創価大学《だいがく》を巣立《すだ》った教育者《きょういくしゃ》の活躍《かつやく》は、「人間教育《にんげんきょういく》の世紀《せいき》」を照《て》らす光《ひかり》となろう。

「博士に接すると自信がわいた」

アインシュタイン博士《はかせ》と並《なら》ぶ大科学者《だいかがくしゃ》といえば、ライナス・ポーリング博士である。ポーリング博士は、学生《がくせい》をこよなく愛《あい》し、大切《たいせつ》にした。偉大《いだい》な人間教育者であった。分子遺伝学《ぶんしいでんがく》で名高《なだか》いハーバード大学のメセルソン教授も、博士の教え子の一人である。

教授は、学生時代《がくせいじだい》、ポーリング博士のもとで学《まな》んだ思い出《おもいで》を、こう振《ふ》り返《かえ》っている。

「私は大学一年生の時《とき》、ポーリング博士から、ある研究《けんきゅう》に取《と》り組《く》むよう言《い》われました。博士がどんなふうに私に話《はな》しかけてくれたか――。私は、とてもびっくりしたことを懐《なつ》かしく思い出します。

すなわち、ちっぽけな一学生にすぎない私に対《たい》して、博士は、まるで同僚《どうりょう》の研究者であるかのように尊重《そんちょう》して話しかけてくれたのです。

学生たちに、科学探究《たんきゅう》の同志《どうし》として語《かた》りかける。それは、いつも変《か》わらない、博士の姿勢《しせい》でありました。

博士に接《せっ》した人は、胸《むね》が高鳴《たかな》り、〝自分《じぶん》は素晴《すば》らしい人間だ〟と感《かん》じたにちがいありません」

博士には「教師《きょうし》が上《うえ》、学生が下《した》」などという傲慢《ごうまん》は、微塵《みじん》もなかった。

学生とともに学べ！

学生から学べ！

これが、歴史《れきし》に輝《かがや》く大学者の心《こころ》だったのである。

その反対《はんたい》に、学生を下に見て、権威《けんい》で従《したが》わせようとするのは、まるで軍国主義《ぐんこくしゅぎ》の教育である。

本当《ほんとう》は、上の人は、皆《みな》が支《ささ》えてくれるおかげで、自分がいるのである。立場《たちば》が上だと威張《いば》るのは、アベコベである。

上に立《た》つ人ほど、皆に感謝《かんしゃ》し、尽《つ》くすべきだ。それを身《み》をもって教えていくのが、真《しん》の教育者ではないだろうか。

ポーリング博士《はかせ》は、私と会《あ》うために、サンフランシスコから、自《みずか》らアメリカ創価大《そうかだい》学《がく》まで来《き》てくださった。八十五歳《さい》の博士が、飛行機《ひこうき》と車《くるま》を乗《の》りついで、わざわざ、お見《み》えになられた。わが子のような年齢《ねんれい》の私を、大事《だいじ》にしてくださったことは、今《いま》も忘《わす》れられない。一九八七年（昭和六十二年）二月。この時《とき》が初《はつ》の出会《であ》いであった。

「教育革命《きょういくかくめい》」そして「人間革命」に生涯《しょうがい》を捧《ささ》げた牧口先生《まきぐちせんせい》は、喝破《かっぱ》された。

「世《よ》は政治《せいじ》、経済《けいざい》、芸術《げいじゅつ》の各分野《かくぶんや》を通《つう》じて、根本的《こんぽんてき》の改革《かいかく》と進展《しんてん》を教育の力《ちから》にまたんとする」

「教育者はあくまで善悪《ぜんあく》の判断者《はんだんしゃ》であり、その実行《じっこう》の勇者《ゆうしゃ》でなければならない」

「智行《ちぎょう》の合一《ごういつ》した人格《じんかく》が教師の理想的資格《りそうてきしかく》」

「教育社会《しゃかい》には微悪《びあく》（＝わずかな悪）でも留《とど》めておいてはならぬ」

「非《ひ》人格者の侵入跋扈《しんにゅうばっこ》を防止《ぼうし》すべきではないか」

「教育の改造《かいぞう》における根底《こんてい》は教師である」

教育が未来《みらい》をつくる。学生《がくせい》を、一人も残《のこ》らず、新世紀《しんせいき》の平和《へいわ》の大指導者《だいしどうしゃ》に育《そだ》てあげるのが、教育者の使命《しめい》である。

「どんな劣等生《れっとうせい》でも必《かなら》ず優等生《ゆうとうせい》にしてみせる」――これが戸田《とだ》先生の心意気《こころいき》であった。すべての学生よ、人間として光《ひか》れ！　人間として勝利《しょうり》の人生《じんせい》を生《い》きよ！　との深《ふか》き慈愛《じあい》の発露《はつろ》であった。

さらに、牧口先生は、こうも言《い》われた。

「人格の高《たか》い教師であればあるほど教育力は大である」

若《わか》き心は鋭敏《えいびん》である。学問《がくもん》と人格が光る教師であってこそ、学生は心から慕《した》って、ついてくる。

「教育革命」は「教員革命」から始《はじ》まる。

これが牧口先生の確信《かくしん》であり、戸田先生の信条《しんじょう》だったのである。

「空の桶」を下げて授業に臨むな

知《ち》は力《ちから》である。

深《ふか》い英知《えいち》に触《ふ》れることは人生《じんせい》の喜《よろこ》びである。

私は、中国《ちゅうごく》の碩学《せきがく》と、東洋《とうよう》の智慧《ちえ》をめぐって、てい談《だん》を進《すす》めてきた。（『東洋の智慧を語《かた》る』として発刊《はっかん》）

相手《あいて》は、現代《げんだい》中国の学術界《がくじゅつかい》の最高峰《さいこうほう》である季羨林博士《きせんりんはかせ》。そして博士の教え子《おしご》である中国社会科学院《しゃかいかがくいん》の蒋忠新教授《しょうちゅうしんきょうじゅ》である。

季博士は「国学大師《こくがくたいし》」と仰《あお》がれる大学者《だいがくしゃ》である。九十一歳《さい》になる今《いま》なお、北京大学《ぺきんだいがく》の終身《しゅうしん》教授として、研究《けんきゅう》に、執筆《しっぴつ》にと、向上《こうじょう》の日々《ひび》を生き抜《いぬ》いておられる。

博士が言《い》われていた。忘《わす》れ得《え》ぬ言葉《ことば》である。
「学生《がくせい》に『一杯《いっぱい》の水《みず》』ほどの知識《ちしき》を授《さず》けようと思えば、教師《きょうし》はまず『一桶《ひとおけ》の水』ほどの知識を用意《ようい》しなければなりません。教師は、けっして『空《から》の桶』をさげて、授業《じゅぎょう》に臨《のぞ》もうと思ってはなりません。

師弟《してい》には共同《きょうどう》の偉大《いだい》な目標《もくひょう》があります。学生たちは弟子《でし》でもあり、同志《どうし》でもあるのです」

重要《じゅうよう》な言葉である。まず自《みずか》らが学《まな》ぶ。行動《こうどう》する。人の見ていないところで努力《どりょく》し、成長《せいちょう》していく——それでこそ、後に続《つづ》く人たちも、触発《しょくはつ》を受《う》けて前進《ぜんしん》していく。これは、教育者《きょういくしゃ》に限《かぎ》らず、すべての指導《しどう》者が銘記《めいき》すべきことであろう。

すべては、リーダーが自分自身《じぶんじしん》を「一騎当千《いっきとうせん》の人材《じんざい》」に鍛《きた》え上《あ》げることから始《はじ》まるのである。

真剣な思いは通じる

教師《きょうし》は、子どもたちを慈愛《じあい》で包《つつ》むことだ。

若《わか》き心《こころ》は鋭敏《えいびん》である。温《あたた》かい心のぬくもりを子どもたちは一生涯《いっしょうがい》、忘《わす》れないものだ。

教育《きょういく》は、人間をつくる聖業《せいぎょう》である。教育にこそ「人間としての勝利《しょうり》」がある。世界《せかい》と人類《じんるい》に貢献《こうけん》する道《みち》は教育である。

創価《そうか》教育の卒業生《そつぎょうせい》は、各界《かくかい》で活躍《かつやく》している。たくさんの高《たか》い評価《ひょうか》が寄《よ》せられている。

なぜ、これほど人材《じんざい》が出たか。それは、一つには、教員《きょういん》が真剣《しんけん》だったからである。皆《みな》、若《わか》かったが、体当《たいあ》たりで、全魂《ぜんこん》こめて人間教育をしたからである。

自分《じぶん》が教《おし》えた生徒《せいと》や学生《がくせい》の中から、将来《しょうらい》、大人物《だいじんぶつ》が出《で》るように――そういう真剣な思いは、必《かなら》ず通《つう》じていくものだ。

青年《せいねん》は皆、世界平和《へいわ》を担《にな》う「ダイヤモンドの大人材」である。

生徒を愛し、学生を信《しん》じ、ともに未来《みらい》の大《おお》いなる希望《きぼう》を見つめて前進《ぜんしん》することである。

宝の体験を聞け！

教育と医学《いがく》。

一見《いっけん》、遠《とお》く離《はな》れた分野《ぶんや》のように見えるかもしれない。

しかし、これを「兄弟姉妹《きょうだいしまい》のような応用科学《おうようかがく》」と呼《よ》んだ人がいる。ほかならぬ牧口《まきぐち》先生《せんせい》である。

医学と教育は、ともに、相手《あいて》の生命力《せいめいりょく》が委縮《いしゅく》していくのを防《ふせ》ぎ、生命力が伸《の》び拡大《かくだい》するのを助《たす》ける。

医学が主《おも》に生理《せいり》の面《めん》から、それを行《おこな》い、教育が主に心理《しんり》の面から行うという違《ちが》いはあるが、ともに「人間の生命を対象《たいしょう》」とする。

それなのに、どうして、医学の進歩《しんぽ》ほど教育学は進歩しないのだろうか？

医学《いがく》の進歩《しんぽ》は目覚《めざ》ましい。「かつては助《たす》からなかった命《いのち》も助かる」ようになった。香港中文大学《ほんこんちゅうぶんだいがく》では、親子《おやこ》の間《あいだ》の生体肝移植手術《せいたいかんいしょくしゅじゅつ》に成功《せいこう》した。執刀《しっとう》したのは李国《りこく》章《しょう》博士である。のちに学長になられた。さらに香港の教育長官として活躍された。

李博士は肝臓《かんぞう》ガンや、鼻腔《びくう》・口腔《こうくう》ガンの治療《ちりょう》にも新技術《しんぎじゅつ》を開発《かいはつ》した。博士が育《そだ》て上《あ》げた同《どう》大学医学部《ぶ》は「人工耳《じんこうじ》（人工の聴覚装置《ちょうかくそうち》）」を脳幹《のうかん》に埋《う》めこむ手術にも、アジアで初《はじ》めて成功した。障害《しょうがい》のある人にとって大朗報《だいろうほう》である。

それでは、世界《せかい》の教育《きょういく》の進歩は？

医学のように「かつては見放《みはな》されたような子どもも、どの学校《がっこう》でも立派《りっぱ》に育成《いくせい》できる」ように変《か》わっただろうか？

反対《はんたい》に、教育は、ますます行《い》き詰《づ》まっているのではないだろうか？

この点《てん》に、早《はや》くから心《こころ》を痛《いた》めていたのが牧口先生《まきぐちせんせい》であった。

「教育学を医学のように組織立《そしきだ》てなければならない」。そうしないと「すべての子どもに『幸福《こうふく》になる力《ちから》』を身《み》につけさせる」という教育の目的《もくてき》は実現《じつげん》できない。

牧口先生にとって、教育は精神論《せいしんろん》や観念論《かんねんろん》ではなく、「科学《かがく》」であり「技術」であった。その技術を修得《しゅうとく》すれば、だれでも、どこでも、優《すぐ》れた教育成果《せいか》が得《え》られなければならなかった。

医学は、多《おお》くの「臨床経験《りんしょうけいけん》」をもとに、成功例《せいこうれい》・失敗例《しっぱい》を研究《けんきゅう》し、公開《こうかい》し、普遍《ふへん》性《せい》のある技術や治療法を進歩させてきた。

ところが教育は「現場《げんば》の教師《きょうし》」の貴重《きちょう》な体験《たいけん》が尊重《そんちょう》されることなく、学者《がくしゃ》や官僚《かんりょう》、政治家《せいじか》その他、教育現場の経験のない人間によって指導《しどう》されてきた。

一方、現場の教師も、教育実践《じっせん》を分析《ぶんせき》して「普遍的《ふへんてき》な教育技術」に高《たか》める努力《どりょく》が十分《じゅう ぶん》でなかった。

素晴《すば》らしい教師がいても、その人がいなくなってしまったら、経験の蓄積《ちくせき》も技術も消《き》えてしまい、個人的《こじんてき》な職人芸《しょくにんげい》で終《お》わってしまう。

その結果《けっか》、教育の方法《ほうほう》は「科学」とならず「原始的状態《げんしてきじょうたい》」のままである——。

このように憂《うれ》える牧口先生に対《たい》して、ある若手《わかて》教師が質問《しつもん》した。

「いかなる児童《じどう》にも当《あ》てはまるような普遍妥当性《ふへんだとうせい》のある教育方法《きょういくほうほう》が成《な》り立《た》つのでしょ

うか？　児童の個性《こせい》が一人一人《ひとりひとり》異《こと》なっているのに、これを一様《いちよう》の型《かた》にはめこむのは無理《むり》があるのではないでしょうか」

牧口先生《まきぐちせんせい》は答《こた》えた。「あなたは今《いま》まで、風邪《かぜ》をひいたことがありますか。その時《とき》、医者《いしゃ》にかかりませんでしたか」

「かかりました」

「それでは、あなたは医学《いがく》には普遍妥当性を持《も》つ真理《しんり》の存在《そんざい》を認《みと》めているではありませんか。教育学には認めないという理由《りゆう》はないでしょう」

「学び方、考え方」を教える

香港中文大学《ほんこんちゅうぶんだいがく》ではまた、社会《しゃかい》のニーズに合《あ》わせた新《あら》たな教育コースを、次々と開設《かいせつ》しておられる。李博士は語っておられた。

「過去《かこ》の教育方法は、学生《がくせい》に情報《じょうほう》を提供《ていきょう》し、知識《ちしき》を授《さず》けるだけでした。ところが今は、情報が欲《ほ》しければ、インターネットで、いくらでも手《て》に入《い》れられます。学校《がっこう》に行《い》かなくても、ベッドの上《うえ》に寝《ね》そべりながらでも、コンピューターのスイッチを入れればいいのです。

情報は増《ふ》える一方《いっぽう》ですが、問題《もんだい》は、何が『役立《やくだ》つ情報』で、何が『ゴミ』なのかを見分《みわ》けることです。その判断力《はんだんりょく》・分析力《ぶんせき》を学生が養《やしな》えるようにしなければならない。

そのように、大学は教育改革《かいかく》をしなければならないのです」

これも創価《そうか》教育の思想《しそう》と通《つう》じる。牧口先生《せんせい》は「教師《きょうし》の本務《ほんむ》」は「知識の切《き》り売《う》り」ではなく、どうすれば正《ただ》しい知識が得《え》られるか、その「学《まな》び方《かた》、考《かんが》え方」を教《おし》えることにあるとした。

すべて「あらゆる子どもが一生《いっしょう》、幸《しあわ》せに暮《く》らしていけるように」という慈愛《じあい》から出《で》た教育学であった。この点でも、「慈愛と技術《ぎじゅつ》の結合《けつごう》」である医学と共通《きょうつう》する。

思《おも》えば、中国革命《ちゅうごくかくめい》の先達《せんだつ》・孫文《そんぶん》も医学を学《まな》んだ。魯迅《ろじん》も医学を学んだ。

そして、社会《しゃかい》の病《やまい》を「治療《ちりょう》」し、人々《ひとびと》の魂《たましい》を「蘇生《そせい》」させる革命に生涯《しょうがい》を捧《ささ》げた。

それは、広《ひろ》い意味《いみ》での人間教育《きょういく》の事業《じぎょう》であった。

そして孫文《そんぶん》は「私は革命《かくめい》を香港《ほんこん》で習《なら》った」と言《い》った。

今《いま》、その香港から、世界的名医《せかいてきめいい》である李《り》博士が、蓄《たくわ》えに蓄えた渾身《こんしん》の力《ちから》で「教育革命」の波《なみ》を起《お》こしておられるのである。

日本の社会《しゃかい》は——いつになったら謙虚《けんきょ》になるのだろうか。

「子どもを救《すく》え!」「現場教師《げんばきょうし》の宝《たから》の体験《たいけん》を聞《き》け!」——いつになったら、牧口《まきぐち》先生の叫《さけ》びに耳《みみ》を傾《かたむ》けるのだろうか。

「一つの物差し」で測らない

テストがない！

通知表《つうちひょう》もない！

しかも国中《くにじゅう》の学校《がっこう》で！

そんな国がある。

デンマークである。

二〇〇一年（平成十三年）の五月、デンマーク王国《おうこく》のピーター・ブルックナー大使《たいし》は、私に、こんな話《はなし》をしてくださった。

「今《いま》、ヨーロッパでは、『子どもが外国《がいこく》の学校を体験《たいけん》する』という試《こころ》みをしています。

ある国から帰《かえ》ってきたデンマークの子どもが言いました。

——向《む》こうじゃ、毎週《まいしゅう》、クラス全員《ぜんいん》の成績《せいせき》が、みんなの前《まえ》で発表《はっぴょう》されるんだ。そして、成績がよくない子には、先生《せんせい》が『お前《まえ》は頭《あたま》が悪《わる》いから、学校《がっこう》をやめたほうがいい』って言《い》うんだ。

こんなに若《わか》いうちから、『社会《しゃかい》の敗北者《はいぼくしゃ》』と決《き》めるなんて、絶対《ぜったい》におかしい。ぼくには理解《りかい》できない。どんな子にだって、才能《さいのう》があるはずなのに。どうして、『お前はだめだ』という前に、先生がその子の可能性《かのうせい》を育《そだ》ててあげようとしないんだろう！」

少年《しょうねん》の疑問《ぎもん》は正《ただ》しいと思う。

人間は、みんな違《ちが》うのに、「一つの物差《ものさ》し」で、「ダメだ」「ダメだ」と切《き》り捨《す》てるなんて！

何という傲慢《ごうまん》だろう！

何という無慈悲《むじひ》だろう！

何という窮屈《きゅうくつ》さだろう！

そもそも、その「物差し」——「すなおに丸暗記《まるあんき》する力《ちから》」とか——は、それほど価《か》値《ち》があるものだろうか？

まず「好き」になる

デンマークでは、七年生（日本の中学《ちゅうがく》一年生）まで試験《しけん》をせず、「10・9・8…」などの段階《だんかい》評価《ひょうか》もない。

体育《たいいく》も、勉強《べんきょう》も、むやみに「採点《さいてん》」しようとしない。泳《およ》ぐのが遅《おそ》くたっていいじゃないか！　間違《まちが》えたって、いいじゃないか！　ともかく「好《す》きになる」ことが一番《いちばん》！

それぞれの生徒《せいと》が、それぞれの進《すす》み具合《ぐあい》に合《あ》わせて、違う教科書《きょうかしょ》を使《つか》って勉強できる。もちろん、教科書は、先生が自由《じゆう》に選《えら》べる。

「お仕着《しき》せの服《ふく》に、子どもの体《からだ》を合わせる」のではなくて「子どもの体に合った服を選ぶ」ということだろう。

子どものプライドを尊ぶ

以前《いぜん》、アメリカの経済学者《けいざいがくしゃ》レスター・サロー博士《はかせ》と会談《かいだん》したとき、博士は「日本は、もっと『失敗《しっぱい》に寛容《かんよう》な社会《しゃかい》』にならなくては」と提言《ていげん》しておられた。

今《いま》、何より必要《ひつよう》なのは「独創力《どくそうりょく》」「創造力《そうぞう》」だが、それらは「これまでの常識《じょうしき》への挑戦《ちょうせん》」である以上《いじょう》、失敗がつきものだからだ。

いつも子どもを採点《さいてん》して、間違《まちが》いを指摘《してき》してばかりいると、「間違わないように」「失敗しないように」と臆病《おくびょう》に考《かんが》えるくせがつく。「失敗を恐《おそ》れず、やってみよう」というチャレンジ精神《せいしん》が薄《うす》れてしまう。挑戦しなければ、失敗もないだろうが、創造もない。

何より、子どもにだって、プライドがある。誇《ほこ》りがある。人権《じんけん》がある。それを傷《きず》つける権利《けんり》は、だれにもない。親《おや》にもない。教師《きょうし》にもない。

親や教師は「自分《じぶん》は子どもよりも偉《えら》い」と思いこんでいるから、しばしば、それを忘《わす》れてしまう。

映画監督《えいがかんとく》の山田洋次《やまだようじ》さんが、夜間中学《やかんちゅうがく》を舞台《ぶたい》にした『学校《がっこう》』という映画をつくったとき、こんなことがあったそうである。

西田敏行《にしだとしゆき》さん扮《ふん》する国語《こくご》の先生《せんせい》が、ひとりの生徒《せいと》の答《こた》えに対《たい》して「そりゃ違うな」と言《い》うシーン。

その撮影現場《さつえいげんば》を、長年《ながねん》、夜間中学の先生をしていた方《かた》が見ておられた。セリフを聞《き》いて、「いまの言葉《ことば》は変《か》えたほうがいいと思いますよ。何故《なぜ》なら、ぼくたち夜間中学の教師は、生徒に対して『違う』という言葉は絶対《ぜったい》に使《つか》いませんから」と言った。

どうしてなのか？

「夜間中学に来《く》る生徒は誰《だれ》もが心《こころ》に傷をもっていて、ひどく自信《じしん》を失《うしな》っている場合《ばあい》が多《おお》い」からである。

「そんな生徒があるとき、おそるおそる手《て》をあげて小《ちい》さな声《こえ》で答えをいったとすれば、もうそれだけで、自分《じぶん》の意見《いけん》を人前《ひとまえ》で発表《はっぴょう》できたというだけで二重丸《にじゅうまる》も三重丸もやりたいじゃありませんか。それに対《たい》して教師《きょうし》が頭《あたま》ごなしに『違《ちが》う』といっては絶対《ぜったい》にならないし、またいえるわけがない。『わかりません』というのも答《こた》えです、わからないからわかりませんと答えるのは正《ただ》しいことなんですから」（山田洋次著『「学校」が教えてくれたこと』ＰＨＰ研究所）

これは大事《だいじ》な話《はなし》だ。

悩みに勝つ勇気を！

ポーランドのユダヤ人教育者《きょういくしゃ》コルチャック先生《せんせい》は述《の》べている。

「世界《せかい》を改革《かいかく》するのは教育を改革することなのです」（『コルチャック先生』近藤康子訳、岩波書店）

今《いま》、政治《せいじ》も経済《けいざい》も混迷《こんめい》が深《ふか》い。教育を改革し、青年《せいねん》を育《そだ》てていく以外《いがい》に未来《みらい》は開《ひら》けない。そこに一切《いっさい》の出発点《しゅっぱつてん》がある。

学生と同苦せよ

ある教員《きょういん》の方《かた》が言《い》われていた。

「学生《がくせい》から進路《しんろ》の相談《そうだん》を受《う》けます。皆《みな》、それぞれの夢《ゆめ》がある。かけがえのない大切《たいせつ》な夢です。しかし、正直《しょうじき》いって、『無理《むり》ではないか』とか、『本人《ほんにん》のために、いい選択《せんたく》なのか』と迷《まよ》うこともあります。そんな時《とき》、どうアドバイスすべきか、本当《ほんとう》に悩《なや》みます」

生徒《せいと》や学生の相談に乗《の》るのは、学校《がっこう》の先生《せんせい》の使命《しめい》である。先生が生徒のために悩むのは、ある意味《いみ》で、当然《とうぜん》のことだ。

現実的《げんじつてき》には、何らかの励《はげ》ましの声《こえ》をかけていく以外《いがい》ない。教員自身《きょういんじしん》が悩んで、悩み抜《ぬ》いて話《はなし》をする。それが本当の指導《しどう》である。

青春《せいしゅん》は悩みの連続《れんぞく》である。それに同苦《どうく》してあげることだ。ともに考《かんが》え、ともに悩みながら、一つ一つ、進《すす》むべき道《みち》を見いだし、何か力《ちから》になるよう話《はな》してあげることだ。

何か言《い》ってあげれば、生徒はうれしいものだ。ちょっとした一言《ひとこと》で、大《おお》きく開《ひら》けることもある。時間《じかん》は短《みじか》くてもいい、勇気《ゆうき》づけることだ。

また、聞《き》いてあげる、知《し》ってあげるだけでも力になれる場合《ばあい》が多《おお》い。それが慈悲《じひ》である。

「私は、こう思うよ。だけど人生《じんせい》は長《なが》いから、ほかの方向《ほうこう》でもいいし、あとになって変《か》わってもいいんだよ」

こう話してあげる場合もあるかもしれない。

「まず一年間、挑戦《ちょうせん》してみたら、どうだろう。それで、だめだったら、もう一回《いっかい》、おいでよ。一緒《いっしょ》に食事《しょくじ》でもしよう」

言い方《かた》は、いろいろ、あるだろう。

ともあれ、励ますことだ。声をかけることだ。人生《じんせい》、励ましがあれば、どれほど多《おお》くの人が立《た》ち上《あ》がっていけるか。励ましを贈《おく》るのが、本当の指導者《しゃ》である。

励ましがなくなり、理詰《りづ》めだけ、権威的《けんいてき》な押《お》しつけだけでは、人間の世界《せかい》ではなくなる。人間はモノではない。励ましがあってこそ、人は動《うご》く。理論《りろん》では動かない。

励ます人は、大勢《おおぜい》の人を味方《みかた》にする。励まさない人は利己主義《りこしゅぎ》である。無慈悲《むじひ》である。横着《おうちゃく》である。

とくに教員は、「きちんと話さなくてはいけない」と思いがちである。しかし、今《こん》後《ご》の人生《じんせい》がどうなるか、詳細《しょうさい》にわかるはずがない。

「私は、こう思う。ためしに、やってごらんなさい」という場合《ばあい》もあっていいのである。何を言《い》いたいのかわからない、不明確《ふめいかく》な話《はなし》はよくない。話を聞《き》いたら、心《こころ》が明《あか》るくなって、軽《かる》い足取《あしど》りで帰《かえ》る――それでこそ名指導《めいしどう》である。知識《ちしき》だけでは幸福《こうふく》はない。幸福への智慧《ちえ》、悩《なや》みに勝《か》つ勇気《ゆうき》を与《あた》えるのが、教育《きょういく》である。

非暴力の見本は「励まし」

心配《しんぱい》でならないことがある。

子どもたちのことだ。

「暴力《ぼうりょく》の衝動《しょうどう》にかられる子どもが増《ふ》えているようです。アメリカでも、日本でも、ほかの国《くに》でも。重大《じゅうだい》な問題《もんだい》です。これにどう対処《たいしょ》すべきでしょうか?」

「キング国際《こくさい》チャペル」のカーター所長《しょちょう》に、意見《いけん》をうかがった。

「非《ひ》暴力の戦士《せんし》」マーティン・ルーサー・キング博士《はかせ》。所長は、その弟子《でし》であられる。

「これは非常《ひじょう》に難《むずか》しい問題であり、論《ろん》じるべき側面《そくめん》がたくさんあります」――所長は、あくまで一般《いっぱん》論ですがと断《ことわ》りつつ「子どもたちの暴力傾向《けいこう》を根本的《こんぽんてき》に解決《かいけつ》する方法《ほうほう》は、ただ一つです」と結論《けつろん》された。

「それは、私たち大人が、お手本《てほん》になる非暴力《ひぼうりょく》の行動《こうどう》を具体的《ぐたいてき》に示《しめ》すことです。たとえば、ニュースは『暴力のニュース』だらけです。そして娯楽作品《ごらくさくひん》も『暴力もの』が圧倒的《あっとう》に多《おお》い。これでは、若者《わかもの》たちが『問題《もんだい》を解決《かいけつ》する方法《ほうほう》として、暴力しか知《し》らない』のは当然《とうぜん》です。つまり、性急《せいきゅう》に『相手《あいて》を、やっつけて解決する』、これしか教《おし》えられていないのです！

ですから、もしも現状《げんじょう》を『変《か》えたい』と本気《ほんき》で思っているならば、大人自身《じしん》が『変わった』という姿《すがた》を示すべきです。周囲《しゅうい》の大人や、指導的立場《しどうてきたちば》の人が、お手本になるしかないのです」

子どもを尊敬して

では、お手本とは何だろう？

カーター所長《しょちょう》は、あるエピソードを語《かた》ってくださった。

「キング博士《はかせ》の最初《さいしょ》のお子さんは、ヨランダという名前《なまえ》の女《おんな》の子《こ》でした。ある日《ひ》、ヨランダちゃんが博士のもとに来て《き》『パパ、ほかの子みたいに、わたしも〝遊《あそ》びの町《まち》〟に連れ《つ》てって』と、遊園地《ゆうえんち》行《い》きを、ねだりました。博士は『これは大事《だいじ》な機会《きかい》だ』と思いました。娘《むすめ》さんに、彼女《かのじょ》が生まれてきたのは人種差別《じんしゅさべつ》の激《はげ》しい社会《しゃかい》なんだということを話《はな》す責任《せきにん》が親《おや》としてあると思ったのです。

博士は伝《つた》えました。『黒人《こくじん》の子どもは〝遊びの町〟には行けないんだよ。そこは白《はく》人《じん》の子どもだけの遊び場《ば》なんだ……』

そして『だからこそ、お父《とう》さんは、いつも家《いえ》にいないんだよ。〝遊びの町〟が、肌《はだ》の色《いろ》に関係《かんけい》なく、すべての子どもが遊べる場所《ばしょ》になるようにしよう、そのために頑張《がんば》ろうと、お父さんは決《き》めたんだ』と。

話を聞《き》いたヨランダちゃんは涙《なみだ》を浮《う》かべながら、博士を見上げて言ったそうです。『パパ、もしそれがパパがいつも家にいない理由《りゆう》なら、これからもずっとそうしてほしい。だって、わたしも〝遊びの町〟に行きたいもん!』」

親が何を目指《めざ》して生《い》きているのか、その夢《ゆめ》を語り、夢への戦《たたか》いを語ったのである。

子どもは大人の想像以上《そうぞういじょう》に何でもわかるものである。子どもを下《した》に見ず、一個《いっこ》の人《じん》格《かく》と見て、きちんと話《はな》すことだと思う。その姿勢自体《しせいじたい》が「相手《あいて》の人格《じんかく》を尊敬《そんけい》する」という非暴力《ひぼうりょく》のお手本《てほん》になる。

「自分《じぶん》を、ちゃんと一個《いっこ》の人格として対話《たいわ》してくれた」という体験《たいけん》を重《かさ》ねた子どもは、ほかの人に対《たい》しても、同《おな》じように接《せっ》していくのではないだろうか。

キング博士自身《はかせじしん》も、幼《おさな》いころ、お母《かあ》さんが人種差別《じんしゅさべつ》について話してくれたという。奴隷制度《どれいせいど》の歴史《れきし》、そしてまだ続《つづ》く差別。レストランや待合室《まちあいしつ》、水飲《みずの》み場《ば》まで「白人用《はくじんよう》」と「黒人用《こくじんよう》」に分《わ》けられている……外《そと》に出《で》たら、社会全部《しゃかいぜんぶ》が「お前《まえ》は、一段低《いちだんひく》い存在《そんざい》だ」「お前は、とるにたらない存在だ」と言《い》ってくる、そんな現実《げんじつ》に直面《ちょくめん》しなければならないのだ。

お母《かあ》さんは話《はな》した上《うえ》で、ひざに乗《の》せた息子《むすこ》に言った。

「でもね、お前は、ほかのみんなと同じように立派《りっぱ》な人間なのよ！」。絶対《ぜったい》に劣等感《れっとうかん》をもってはいけないよ、と。

人に劣等感をもたせてはならない。人を絶望《ぜつぼう》へと突《つ》き放《はな》してはならない。

声をかける

非暴力の身近《みぢか》な手本。

それは「励《はげ》まし」であろう。

「声《こえ》をかける」ことだ。

カーター所長《しょちょう》が小学《しょうがく》五年生の時《とき》である。本《ほん》の「リーディング（読《よ》み）」がうまくできなかった。クラスで一番《いちばん》へただった。

先生《せんせい》が教室《きょうしつ》を歩《ある》きながら、一人《ひとり》一人に本を読ませていく。皆上手《みなじょうず》だった。ところが、カーター少年《しょうねん》の番《ばん》になると、「読めて当然《とうぜん》の字《じ》」が読めない！　読めない字だけ飛《と》ばして読んだ。クラス中《じゅう》が、どっと笑《わら》った。「そんな時は、私も一緒《いっしょ》に笑うことにしていました。どうせ、みんなに勝《か》てないなら、一緒に笑ってしまおうと……」

しかし、笑わない人がいた。担任《たんにん》のジョセフィーヌ・クラーク先生だった。長《なが》い金髪《きんぱつ》の先生だった。クラーク先生には、笑いの裏《うら》の少年の悲《かな》しみがわかったのだろう。

放課後《ほうかご》、少年を残《のこ》して言った。「リーディングの力《ちから》をつけたい？」。その声は「百万ドルあげようか?」のように聞こえた。顔《かお》が、ぱっと輝《かがや》いた。「はい!」「じゃあ、これから放課後《ほうかご》、練習《れんしゅう》しようね」

はじめてだった。学校《がっこう》ではじめて「個人的《こじんてき》にかまってもらえた」のだ。ささいなことのように見えるかもしれない。しかし、これが、今《いま》や世界《せかい》に非暴力《ひぼうりょく》の思潮《しちょう》を広《ひろ》げているカーター博士《はかせ》の〈人生《じんせい》の転機《てんき》〉だったのである!

少年《しょうねん》は勉強《べんきょう》が好《す》きになった。頑張《がんば》った。ある日《ひ》など、クラスのだれも答《こた》えられない難問《なんもん》に、ただひとり答えるまでになった。友《とも》だちも皆《みな》、びっくりした。

もう「だめなやつ」じゃない! 自信《じしん》がわいてきた。それと同時《どうじ》に不思議《ふしぎ》なことが起《お》こった。

「突然《とつぜん》、周囲《しゅうい》への見方《みかた》が変《か》わったのです。人を認《みと》め、人を支《ささ》え、愛《あい》し、はぐくむ——そんな、今《いま》まで味《あじ》わったことのない気持ちがわいてきたのです。今の私があるのも、そのおかげなのです」

自分《じぶん》をわかってくれた、認めてくれたという幸福感《こうふくかん》から、思《おも》いやりが生《う》まれたのである。

所長《しょちょう》に同行《どうこう》されたミラー教授《きょうじゅ》（ルイス大学《だいがく》）は言《い》われた。

「今、経済《けいざい》は豊《ゆた》かでも、精神的《せいしんてき》には破産状態《はさんじょうたい》です。大人は物欲主義《ぶつよくしゅぎ》に染《そ》まりきってしまって、『人を傷《きず》つけ、け落《お》とす』競争原理《きょうそうげんり》が横行《おうこう》しています」

その上《うえ》、人の不幸《ふこう》を喜《よろこ》び、あざ笑《わら》うような傾向《けいこう》も強《つよ》い。これでは子どもの暴力を嘆《なげ》く資格《しかく》はない。

「先生が見舞いに来てくれた！」

それは、一九三〇年（昭和五年）十月のことである。

「世界《せかい》の文学史上《ぶんがくしじょう》、まことに希有《けう》な師弟《してい》」と謳《うた》われる二人が出会《であ》った。

師は、フランスの国立男子高等中学校《こくりつだんしこうとうちゅうがっこう》の青年《せいねん》の哲学教授《てつがくきょうじゅ》ジャン・グルニエ。弟子《でし》は十六歳《さい》の学生《がくせい》アルベール・カミュであった。

カミュは、ナチスと勇敢《ゆうかん》に戦《たたか》った正義《せいぎ》の言論《げんろん》の闘士《とうし》であり、ノーベル文学賞《しょう》を受《じゅ》賞《しょう》している。

戦争《せんそう》で父《ちち》を亡《な》くし、母《はは》も病気《びょうき》がちだった。家《いえ》は貧《まず》しかった。カミュ自身《じしん》も、青年時《じ》代《だい》、当時《とうじ》「不治の病《やまい》」とされた結核《けっかく》に冒《おか》された。

血《ち》を吐《は》いて、自宅《じたく》での静養《せいよう》を余儀《よぎ》なくされた。

孤独《こどく》と不安《ふあん》に苦《くる》しむカミュのもとに、グルニエ教授は自《みずか》ら足《あし》を運《はこ》んで、お見舞《みま》いに訪《おとず》れた。それが二人の決定的《けっていてき》な出会いとなったのである。

教授が学生の見舞いに行《い》く――それは、当時《とうじ》の一般《いっぱん》の習慣《しゅうかん》では考《かんが》えられないことだった。

カミュは、恩師《おんし》の真心《まごころ》を生涯《しょうがい》、忘《わす》れなかった。のちに作家《さっか》として有名《ゆうめい》となったカミュは、恩師に深《ふか》い感謝《かんしゃ》の手紙《てがみ》を書《か》き送《おく》っている。

「あなたがベルクールに訪ねてくださったときのことを覚《おぼ》えています。いまでもまだあのときのことはこと細《こま》かに脳裏《のうり》に浮《う》かんできます」(『カミュ＝グルニエ往復書簡』大久保敏彦訳、国土社)

教員《きょういん》の励《はげ》ましの行動《こうどう》、慈愛《じあい》と勇気《ゆうき》の言葉《ことば》が、学生にとって、どれほど力《ちから》になるか計《はか》り知《し》れない。

私も小学《しょうがく》四年生の時《とき》に、体《からだ》を壊《こわ》し、幾日《いくにち》も学校《がっこう》を休《やす》むことがあった。

その時に、担任《たんにん》の先生《せんせい》が、わざわざお見舞いに来《き》てくださった。温《あたた》かく激励《げきれい》をしてくれ、母《はは》も心《こころ》から感激《かんげき》した。

「この御恩《ごおん》は、一生《いっしょう》、忘《わす》れてはいけませんよ」と強《つよ》い口調《くちょう》で、私に語《かた》った。

その時《とき》のすべてが、私の脳裏《のうり》に刻《きざ》まれ、今《いま》もって消《き》えることはない。

尊《とうと》く深《ふか》い人生《じんせい》の思《おも》い出《で》として、今もって、その時のことを、うれしく懐《なつ》かしく思い返《かえ》すのだ。また、幾《いく》たびも幾たびも思い返してきた。

グルニエ教授《きょうじゅ》は、青年《せいねん》とともに、トルストイなど世界《せかい》の文学《ぶんがく》や哲学《てつがく》について大《おお》いに語《かた》り合《あ》った。労《ろう》を惜《お》しまず、学生《がくせい》が喜《よろこ》んで学《まな》べるよう、言論《げんろん》の力《ちから》をつけられるよう、成長《せいちょう》の機会《きかい》をつくっていったのである。

カミュは、グルニエ教授への敬愛《けいあい》をこめて述《の》べた。

「かれ（教授）と二時間一緒《いっしょ》に過《す》ごすと、ぼくはいつも心《こころ》が豊《ゆた》かになる」（H・R・ロットマン著『アルベール・カミュ』大久保敏彦・石崎晴已訳、清水弘文堂）

若《わか》き精神《せいしん》は、よき教育者《きょういくしゃ》との心の交流《こうりゅう》を通し、大いなる希望《きぼう》と充実感《じゅうじつかん》をもって、豊かな才能《さいのう》を伸《の》ばしていくものだ。

教授の教《おし》えを受《う》けた若きカミュ。彼《かれ》は教授に、こう書《か》き送《おく》った。

「もし自分《じぶん》にしなければならないことがあるとすればそれは私の同胞《どうほう》に私がもっている最良《さいりょう》のものを与《あた》えること、つまり彼らを嘘《うそ》から護《まも》ることであるとやっと気がつきました」(同)

カミュは社会《しゃかい》に打《う》って出《で》た。名作《めいさく》を次々と書いた。そして、言論をもってナチスなどの邪悪《じゃあく》と戦《たたか》い、正義《せいぎ》のため、人間の友愛《ゆうあい》の連帯《れんたい》のために奔走《ほんそう》していった。

その陰《かげ》には教授の絶《た》え間《ま》ない励《はげ》ましがあった。教《おし》え子《ご》が成長し、自分よりも偉《えら》くなって、正義の信念《しんねん》の道《みち》を歩《あゆ》み始《はじ》めたことを、心から喜び讃《たた》えたのである。

子どもたちを自分より下に見るな

学生を、自分以上《いじょう》の人材《じんざい》に育《そだ》てる。そこに教育の真髄《しんずい》がある。

「建学《けんがく》の精神」に集《つど》った教員《きょういん》と学生は、生涯《しょうがい》にわたって、平和《へいわ》と正義のために戦う同《どう》志《し》である。

教育は教員で決《き》まる。ゆえに「教育の改革《かいかく》」は「教員の革命《かくめい》」から始まる。それが

「人間教育《きょういく》の世紀《せいき》」を開《ひら》くのである。

すべては、一対《たい》一の誠実《せいじつ》な対話《たいわ》と交流《こうりゅう》から始《はじ》まる。

「マス（集団《しゅうだん》）」ではない。「一人《ひとり》」が大事《だいじ》である。一人ひとりが輝《かがや》かなければ、本当《ほんとう》の人間讃歌《さんか》の社会《しゃかい》は築《きず》けない。

中国《ちゅうごく》の周恩来総理《しゅうおんらいそうり》は言《い》われた。

「われわれの中に少《すこ》しでもおごり高《たか》ぶったり、自惚《うぬぼ》れたりするところがあれば、これは絶対《ぜったい》に許《ゆる》すことはできない」（『周恩来選集』上巻、森下修一編訳、中国書店）

すべての指導者《しどうしゃ》の鉄則《てっそく》である。

なかんずく教育者は、生徒《せいと》や学生《がくせい》を、自分《じぶん》より下《した》に見たりすることは、断《だん》じて許《ゆる》されない。

世界中《せかいじゅう》の指導者が、地球上《ちきゅうじょう》の人間を、同《おな》じ人間として対等《たいとう》に、分《わ》けへだてなく大事《だいじ》にしていく。

世界中の指導者が、すべての青年《せいねん》を心《こころ》から励《はげ》ましていく。そうなった時《とき》にはじめて、「地球民族主義《みんぞくしゅぎ》」が、生《い》き生きと光彩《こうさい》を放《はな》つのである。

子どもの「自画像」

アメリカ心理学会《しんりがっかい》のマーチン・セリグマン博士《はかせ》の「心理学革命《かくめい》」は、「フロイト以《い》来《らい》の革命」と呼ばれる。

そこには、人間の潜在能力《せんざいのうりょく》への深《ふか》い信頼《しんらい》がある。

たとえば学校《がっこう》教育でも、「成績不振《せいせきふしん》のほとんどは、能力のなさからきているのではない」と博士は言《い》う。

むしろ「自分を悲観的《ひかんてき》に見る習慣《しゅうかん》」からきている。

じぶんは「頭《あたま》がよくない」「才能《さいのう》がない」と思いこんでしまった子は、何か壁《かべ》にぶつかると、すぐにあきらめてしまう。「どうせ、やったって、同《おな》じだ……」

それは「やる気がない」のではない。「能力がない」のでもない。壁を越《こ》えるための「楽観主義《らっかんしゅぎ》」を身《み》につけていないだけなのだ。

「モーツァルトのような才能《さいのう》と成功《せいこう》への熱《あつ》い意欲《いよく》を持《も》った作曲家《さっきょくか》も、自分《じぶん》はうまく作曲できないと思いこんでいれば、結局《けっきょく》成功しない。思うようなメロディーが浮《う》かばない時《とき》、簡単《かんたん》にあきらめてしまうからだ」〈マーチン・セリグマン著『楽観主義を学ぶ』〈邦題『オプティミストはなぜ成功するか』〉山村宣子訳、講談社文庫〉

親《おや》が「この子は、頭《あたま》がよくない」と考《かんが》えるだけで、子どもも、それを感《かん》じて、自分に悲観《ひかん》的な評価《ひょうか》をくだす。

まして、テストで悪《わる》い点《てん》を取《と》るたびに、「いつも、努力《どりょく》しないのね」「怠け者《なまけもの》ね」「答《こた》えを検算《けんざん》しないのは、いいかげんだからよ」などと言《い》われ続《つづ》けたら、子どもは自分でも「私は怠け者で、いいかげんな人間なんだ」と、だんだん思いこんでいくだろう。

部屋《へや》を片付《かたづ》けないと「何て、だらしのない子！」と言う。言うたびに、そういう否定的《ひていてき》な「自画像《じがぞう》」が子どもに刷《す》りこまれていく。その結果《けっか》、実際《じっさい》に、そういう人間に近《ちか》づいていく。親が、そのように仕向《しむ》けたようなものである。

失敗《しっぱい》するのではと、びくびくするから、なお失敗しやすくなる。

壁を乗り越える喜び

子どもが積極《せっきょく》的な考え方《かた》をするようになるためには、「これをやらなければいけない」と言うよりも、「あなたなら、これができるよ」と言ったほうがいい。失敗しても、叱《しか》るより、「今度《こんど》は、あなたらしくなかったね」と言ったほうがいい。ほめればいいというのではなく、壁《かべ》を乗《の》り越《こ》える「自信《じしん》」と、乗り越える「喜《よろこ》び」を伝《つた》えていくことであろう。

セリグマン博士《はかせ》は「現代《げんだい》は、過去《かこ》のどの時代《じだい》よりも豊《ゆた》かで、平和《へいわ》であるにもかかわらず、多《おお》くの人が悲観的になり、『うつ状態《じょうたい》』の人も激増《げきぞう》しています。これは大きな逆説《ぎゃくせつ》です。『悲観主義という伝染病《でんせんびょう》』の原因《げんいん》としては、自分のことばかり考えて、もっと大きな存在《そんざい》——宗教《しゅうきょう》とか国家《こっか》とか大家族《だいかぞく》、地域社会《ちいきしゃかい》との絆《きずな》を失《うしな》ってしまったこと。そして教育《きょういく》が、子どもの気分《きぶん》をよくさせ、自尊心《じそんしん》を傷《きず》つけないように配慮《はいりょ》するあまり、『失敗を恐《おそ》れず、困難《こんなん》を乗り越えることに喜びを感《かん》じる生《い》き方』を教《おし》えないことなどが考《かんが》えられます」と分析《ぶんせき》しておられた。

自分《じぶん》のことだけという利己主義《りこしゅぎ》を、大人が捨《す》てよということだ。

壁《かべ》を乗《の》り越《こ》える生《い》き方《かた》を、大人が示《しめ》せということだ。

興味深《きょうみぶか》いのは「子どもの楽観度《らっかんど》は、母親《ははおや》の人生《じんせい》への楽観度と、実《じつ》によく似《に》ている」という博士《はかせ》の調査結果《ちょうさけっか》である。女《おんな》の子《こ》でも、男《おとこ》の子でも、母親に似て、父親《ちちおや》には似ないのだそうである。

「私は世界一幸福！」と

私は、仏法《ぶっぽう》は最高《さいこう》の「希望《きぼう》の心理学《しんりがく》」であり、「希望の生命学《せいめいがく》」であると信《しん》じている。「仏《ほとけ》」とは、心《こころ》の不可思議《ふかしぎ》な力《ちから》を知《し》りつくした人のことといってよい。

人間は「心」しだいで、どのようにでも変《か》わっていける。それどころか、法華経《ほけきょう》の「一念三千《いちねんさんぜん》」の哲学《てつがく》は、一人《ひとり》の「心」の変革《へんかく》が、社会《しゃかい》も、国土《こくど》をも変えていけると、高《たか》らかに宣言《せんげん》している。

いわんや自分の人生《じんせい》くらい、自分が決《き》めた通りに、自在《じざい》に変えていける。何ひとつ、あきらめなくていいのである。

だから、「どうせ」という言葉《ことば》を捨《す》てよう。「無理《むり》だ」という言葉も捨てよう。

今《いま》、どんな状況《じょうきょう》にあろうとも、こう自分に言《い》い聞《き》かせて生きていくべきだ。

「自分は、最後《さいご》には勝《か》つに決《き》まっている！」と。

「自分の今の家族《かぞく》こそ、最高《さいこう》の家族なんだ！」と。

「自分はすでに、世界《せかい》で一番幸福《いちばんこうふく》な人間なんだ！」と。

家庭劇場

ブエノスアイレスのエリナちゃんは、小《ちい》さいころから、お母《かあ》さんに絵本《えほん》を読《よ》んでもらうのが大好《だいす》きだった。毎日《まいにち》、お母さんのひざに、ちょこんとすわって、家庭劇場《かていげきじょう》の、はじまり、はじまり。

「むかしむかし……」。お母さんの優《やさ》しい声《こえ》がする。いつもの「早《はや》く」「早くしなさい」の声とはちがう声。優しい声。テレビほど読むのはじょうずじゃなくても、この声は、わたしだけの声。テレビとちがって、わたしのためだけに話《はな》してくれている声。聞《き》きながら、きれいな絵が動《うご》く。アニメじゃなくても、お話《はなし》を聞きながらだと、絵は生《い》き生きと動くのだ。動くにつれて、小さなアパートの部屋《へや》が宮殿《きゅうでん》になったり、大《だい》草原《そうげん》になったりする。そして、お母さんの甘《あま》い匂《にお》い。柔《やわ》らかな腕《うで》。「絵本を読んでもらうのは、なんて、うれしいことだろう！　わたしの耳《みみ》も目《め》も鼻《はな》も、全身《ぜんしん》が幸《しあわ》せ！」

お気《き》に入《い》りの絵本なら何回《かい》でも「読んで」「読んで」。お母さんが「新《あたら》しいのにしない？」と言っても、「これがいいの！」。

そんなひとつに『子ヤギ』がある。アルゼンチンの昔話《むかしばなし》だ。

「お婆《ばあ》さんが野菜畑《やさいばたけ》を持《も》っていました。ある日、子ヤギが一匹《いっぴき》、畑《はたけ》に入《はい》って野菜を食《た》べています。お婆さんが引《ひ》きだそうとすると、子ヤギは『お前《まえ》なんか、けとばすぞ！』と、お婆さんをおどします。お婆さんは逃《に》げ出《だ》しました」

お婆さんが泣《な》いていると、助《たす》けてあげようと、キツネが出てきた。でも、子ヤギに追《お》い返《かえ》されてしまう。次《つぎ》は雄牛《おうし》が来《き》てくれた。それでも、乱暴《らんぼう》な子ヤギにかなわない。

エリナちゃんは、お婆さんと一緒《いっしょ》になって、子ヤギに腹《はら》をたてたり、キツネや雄牛に期待《きたい》したり、がっかりしたり。小さくたって、お婆さんの気持《きも》ちはわかる！

お話を聞いて育《そだ》ったエリナちゃんにとって〈人の身《み》になってみる〉想像力《そうぞうりょく》は当《あ》たり前の力《ちから》だ。

「お婆《ばあ》さんのために次《つぎ》は、小《こ》アリが来《き》てくれました。アリが『子ヤギ、畑《はたけ》から出《で》てこい！』と叫《さけ》びました。子ヤギは、アリをバカにして、野菜《やさい》を食《た》べ続《つづ》けています。『それなら』。小アリは、そっと畑に入《はい》って、草《くさ》の間《あいだ》に隠《かく》れました。子ヤギの足《あし》を、そろそろと、よじ登《のぼ》っていきます。そして『よし、ここだ！』。思《おも》いっきり、かみつきました。子ヤギは痛《いた》くて痛くて飛《と》び上《あ》がり、いちもくさんに畑から逃《に》げていきました。お婆さんは喜《よろこ》んで、アリに、どっさり小麦《こむぎ》を贈《おく》りました。アリは、その中から一《ひと》粒《つぶ》だけ受《う》け取《と》り、かついで家《いえ》に帰《かえ》りました」

キツネも、雄牛《おうし》もかなわなかったのに、アリさんが！　エリナちゃんは、小《ちい》さなものが大《おお》きなものを、やっつける話《はなし》が大好《だいす》きだ。

生き方のモデルに

最近《さいきん》の日本のマンガには、「力《ちから》には力で、大《おお》きな力にはもっと大きな力で」というストーリーのものが多《おお》いそうだ。ところが、昔《むかし》の物語《ものがたり》には、子どもや小男《こおとこ》が、知恵《ちえ》や機転《きてん》を使《つか》って、巨人《きょじん》を倒《たお》したり、竜《りゅう》をやっつけたり、敵《てき》を味方《みかた》に変《か》える話が多い。自分《じぶん》が小さいからだろうか、子どもたちは、こういう物語によって、「自信《じしん》」をえるらしい。

いや、子どもたちだけではない。人間ならだれでも、自分の道《みち》をはばむ「鬼《おに》」や「巨人」や「魔法使《まほうつか》いが出《で》る森《もり》」を持《も》っている。昔話《ばなし》は、それらに必《かなら》ず打《う》ち勝《か》てるのだという励《はげ》ましを送《おく》ってくれているようだ。しかも理屈《りくつ》ではなく、心《こころ》の奥底《おくそこ》にしみとおる「お話」のかたちで！　昔話は、もともと子どもだけのものではなく、大人も一緒《いっしょ》に耳《みみ》を傾《かたむ》け、楽《たの》しんだのである。糸《いと》つむぎの部屋《へや》で。暖炉《だんろ》のそばで。そして、いろりを囲《かこ》んで。

「子どもは自分の魂《たましい》の養分《ようぶん》としてメルヘンを必要《ひつよう》としているのです」（ルドルフ・シュタイナー著『メルヘン論』書肆・風の薔薇）と言《い》われる。

「夢《ゆめ》はかなう」「悪事《あくじ》は割《わり》に合《あ》わない」「君《きみ》がヒーロー」「楽観主義《らっかんしゅぎ》でいこう」「自立《じりつ》して、自分らしく」――メルヘンに描《えが》かれた、そういう滋養《じよう》を、たっぷり魂にしみこませた子どもは、どんな運命《うんめい》でも、たくましく受《う》けとめ、乗《の》り越《こ》えていけるにちがいない。たとえ、お話《はなし》をすっかり忘《わす》れたとしても、心《こころ》の底《そこ》に住《す》みついた物語《ものがたり》は、しらずしらずのうちに、その子の生き方《いかた》の「モデル」になるのではないだろうか。頭《あたま》の知能指《ちのうし》数《すう》も大事《だいじ》かもしれないが、心《こころ》の知能指数は、もっと大事だ。幸福《こうふく》のためには、生きる力《ちから》と知恵《ちえ》が大事だ。

もちろん昔話《むかしばなし》は単純《たんじゅん》な勧善懲悪《かんぜんちょうあく》だけではない。悪漢《あっかん》も怠け者《なまけもの》も、いじわるも、いたずらっ子も、うそつきも活躍《かつやく》する。残酷《ざんこく》な描写《びょうしゃ》もあれば、病気《びょうき》や死《し》、運命《うんめい》の変転《へんてん》などの悲《かな》しい話《はなし》もある。それらは人生《じんせい》の「影《かげ》」の部分《ぶぶん》であろう。だからこそ語《かた》られる必《ひっ》要《よう》がある。

「昔話との出会《であ》いのなかった子どもたちは、人生において、心の準備《じゅんび》のないままに残酷さに遭遇《そうぐう》することになる」（O・ヴィトゲンシュタイン伯の言葉。M・リューティ著『メルヘンへの誘い』法政大学出版局）からだ。

影から逃《に》げても、影は追《お》いかけてくる。しかも、影は外《そと》にあるだけではない。自分《じぶん》の中にもある。

白雪姫《しらゆきひめ》も、いじわるな魔女《まじょ》も、シンデレラも、赤《あか》ずきんちゃんも、狼《おおかみ》も、山姥《やまんば》も、鬼子母神《きしぼじん》も、三年寝太郎《さんねんねたろう》も、自分の心の深層《しんそう》に生きている。昔話は鏡《かがみ》である。映《うつ》っているのは自分自身《じしん》である。

自分の中に鬼《おに》も仏《ほとけ》もあるのだから、昔話で「鬼退治《たいじ》」を体験《たいけん》すれば、それは自分の「心の中の鬼」を退治する練習《れんしゅう》をしているのである。

子どもも心は詩心の泉

子どもは、みんな「お話」が大好《だいす》きだ。なのに、「本《ほん》はきらい」という子がいるのは、なぜだろう。

エリナちゃんのお母《かあ》さんは、読《よ》み終《お》わるといつも、「面白《おもしろ》かった？」とは聞《き》かない。「面白かったねえ！」と言って、本当《ほんとう》にうれしそうに笑《わら》う。

エリナちゃんは、お母さんが読むのを楽《たの》しんでいることがうれしい。お母さんと同《おな》じものに感動《かんどう》して、気持《きも》ちがひとつになることがうれしい。そんな幸《しあわ》せを与《あた》えてくれる「本」という奇跡《きせき》が大好《だいす》きだ。

反対《はんたい》に、お母《かあ》さんが、絵本《えほん》で字《じ》を覚《おぼ》えさせようとか、いちいち感想《かんそう》を聞《き》いたりして、絵本を「教科書《きょうかしょ》」のように使《つか》ったら、どうだろう。絵本が苦痛《くつう》になり、ひいては読書《どくしょ》がきらいになるかもしれない。

子どもに、お話《はなし》を読《よ》んであげる「読み聞《き》かせ」「読み語《かた》り」が今《いま》、静《しず》かに広《ひろ》がっている。「読んでいると、励《はげ》まされるのは自分自身《じぶんじしん》です」とおっしゃる方《かた》が多《おお》い。それは、子どもたちに読んでいると同時《どうじ》に、自分の中の子ども心《ごころ》に向《む》かって読んであげているのかもしれない。自分のなかで育《そだ》ちそびれていた心《こころ》の何かが、読み語りによって、太陽《たいよう》の光《ひかり》を浴《あ》びたように、花開《はなひら》いていくのかもしれない。

「子ども心」。それは未熟《みじゅく》な心のことではない。深《ふか》い智慧《ちえ》を秘《ひ》めた「詩心」の別名《べつめい》であり、一生《いっしょう》の宝《たから》なのである。その泉《いずみ》が涸《か》れる時《とき》、心の水面《みなも》は濁《にご》り、人生《じんせい》は砂漠《さばく》となる。そして社会《しゃかい》は乱《みだ》れ、自然《しぜん》まで汚《よご》れていく。

トインビー博士《はかせ》は言《い》われた。

「私にとって、人生《じんせい》の最初《さいしょ》の七年間は、その後の人生全体《ぜんたい》と同《おな》じくらい長《なが》いものに感《かん》じられます。子どもは七歳《さい》までに、自分にとって大切《たいせつ》なことを、たっぷりと学《まな》ぶのです。それは、その後の何十年にもわたる人生で学ぶことよりも多いのです」

私は願《ねが》っている。世界中《せかいじゅう》の子どもたちが、ひとりのこらず、人生の最後《さいご》の最後に、こう思ってほしいと。「わたしの人生は、何という『素晴《すば》らしい物語《ものがたり》』だったのだろう！　ああ面白《おもしろ》かった！」

そのとき、その子は一生を振《ふ》り返《かえ》り、思《おも》い出《で》の底《そこ》に響《ひび》く、なつかしい声《こえ》に向《む》かって言うのではないだろうか。「お母さん、お父《とう》さん、子どものころ、いっぱい、お話をしてくれて、ありがとう！」

第四章　世界市民を育む

「幸福になる力」を引き出す

『昆虫記《こんちゅうき》』の著者《ちょしゃ》として有名《ゆうめい》なフランスのファーブル（一八二三～一九一五年）は、三〇年にわたり、小学校《しょうがっこう》・中学校《ちゅうがっこう》・高校《こうこう》で科学《かがく》を教《おし》え、教育《きょういく》の闘争《とうそう》に生涯《しょうがい》を捧《ささ》げた「人間愛《にんげんあい》の教師《きょうし》」であった。彼《かれ》の授業《じゅぎょう》は実《じつ》に闊達《かったつ》で、生徒《せいと》たちの心《こころ》を、ぐいぐい引《ひ》きこんでいったと伝《つた》えられている。

二〇〇二年（平成十四年）の暮《く》れのことである。ファーブル協会《きょうかい》のカンブフォール副会長《ふくかいちょう》が、ご自身《じしん》の編纂《へんさん》による、ファーブルの書簡集《しょかんしゅう》を贈《おく》ってくださった。そこには、ファーブルが「子どもたちのための教科書《きょうかしょ》」の出版《しゅっぱん》に、全魂《ぜんこん》を傾《かたむ》けていた様子《ようす》が記《しる》されている。

ファーブルは、知識《ちしき》を詰《つ》めこむだけの味気《あじけ》ない教科書のために、子どもたちの学《まな》ぶ意欲《いよく》や喜《よろこ》びが、台無《だいな》しにされているのが我慢《がまん》ならなかった。彼は、その思《おも》いを、こう綴《つづ》っている。

「科学は、いまだ頑丈《がんじょう》な壁《かべ》に囲《かこ》まれた庭《にわ》であり、そのうえ、壁の上《うえ》には、ガラス瓶《びん》のかけらが敷《し》き詰《つ》められ、だれも中に入《はい》ることができなくなっています。子どもたちのために、私は、その壁をたたき壊《こわ》し、悪魔《あくま》どもにガラス瓶の破片《はへん》を投《な》げ返《かえ》してやりたいのです。私は必《かなら》ず、やり遂《と》げるでしょう」

誤《あやま》った教育の壁を、たたき壊すのだ！　――その叫《さけ》びはまた、創価《そうか》教育学《がく》の父《ちち》・牧口常三郎先生《まきぐちつねさぶろうせんせい》の信念《しんねん》でもあった。

牧口先生は『創価教育学体系《たいけい》』にこめた心情《しんじょう》を、こう述《の》べられている。

「入学難《にゅうがくなん》、試験地獄《しけんじごく》、就職難《しゅうしょくなん》等で一千万の児童《じどう》や生徒が修羅《しゅら》の巷《ちまた》に喘《あえ》いで居《い》る現代《げんだい》の悩《なや》みを、次代《じだい》に持越《もちこ》させたくないと思うと、心は狂《きょう》せんばかり」（「緒言、『創価教育学体系』第一巻所収」）と。

権威《けんい》によって押《お》しつけられた教育に盲従《もうじゅう》するな！　子どもたち自身《じしん》の「幸福《こうふく》になる

力《ちから》」を引《ひ》き出《だ》すのだ！――この牧口先生《まきぐちせんせい》の烈々《れつれつ》たる心《こころ》の叫《さけ》びが、創価教育《そうかきょういく》の原点《げんてん》である。

「悪」との「戦い」

フランスでは、ファーブルのもとに大統領《だいとうりょう》や大臣《だいじん》が訪《おとず》れ、その偉大《いだい》な教育への貢献《こうけん》を讃《たた》えたことは、よく知《し》られている。

日本の高名《こうめい》な社会学者《しゃかいがくしゃ》である田辺寿利《たなべすけとし》氏は『創価教育学体系《たいけい》』第《だい》一巻《かん》の序文《じょぶん》のなかで、その一端《いったん》を紹介《しょうかい》して、こう問《と》いかけた。

「一小学校長《いちしょうがっこうちょう》たる牧口常三郎《まきぐちつねさぶろう》氏は、あらゆる迫害《はくがい》あらゆる苦難《くなん》と闘《たたか》いつつ、その貴《き》重《ちょう》なる全生涯《ぜんしょうがい》を費《つい》やして、終《しま》いに画期的《かっきてき》なる『創価教育学』を完成《かんせい》した。文化《ぶんか》の国《くに》日本は、如何《いか》なる方法《ほうほう》によって、国の誇《ほこ》りなるこの偉大なる教育者《しゃ》を遇《ぐう》せんとするか」

その十三年後、愚《おろ》かなる軍国主義《ぐんこくしゅぎ》の日本は「投獄《とうごく》」をもって牧口先生に報《むく》いた。牧口先生は、この傲慢《ごうまん》な権力《けんりょく》と、最後《さいご》まで断固《だんこ》として戦《たたか》い抜《ぬ》き、牢獄《ろうごく》で亡《な》くなられたのである。

教育とは、人間を不幸《ふこう》にするあらゆる「悪《あく》」との「戦い」である。

それは、偏狭《へんきょう》な価値観《かちかん》を押《お》しつけ、自由《じゆう》な思想《しそう》と創造性《そうぞうせい》を抑圧《よくあつ》する「人間不在《ふざい》の教育」との戦いであり、人々《ひとびと》の心に不信《ふしん》と憎悪《ぞうお》を駆《か》り立《た》てる「暴力《ぼうりょく》の文化」との戦いであるともいえよう。

仏法《ぶっぽう》の英知《えいち》は、最高《さいこう》に尊貴《そんき》なる「生命《せいめい》の宝《たから》」が、すべての人間に等《ひと》しく光《ひか》り輝《かがや》いていると教《おし》えている。一人ひとりの生命に内在《ないざい》する、その無限《むげん》の可能性《かのうせい》を薫発《くんぱつ》し、人類《じんるい》を「善《ぜん》」と「調和《ちょうわ》」の方向《ほうこう》へと導《みちび》いていく――そこに私ども創価教育の「使命《しめい》」と「戦い」があるのである。

私が、これまで、多《おお》くの識者《しきしゃ》と対話《たいわ》を積《つ》み重《かさ》ねて、世界《せかい》に教育と友情《ゆうじょう》のネットワークを築《きず》いてきたのも、真《しん》の人間主義を基調《きちょう》とする世界市民《しみん》教育こそが、人類の「平和《へいわ》の文化」創造のために絶対《ぜったい》に不可欠《ふかけつ》の土台《どだい》であると、強《つよ》く確信《かくしん》してきたからである。

素晴らしいアヒルの子

アンデルセンの「みにくいアヒルの子」を思《おも》い出《だ》してほしい。

ほかのアヒルと「ちがっている」ために、みんなからいじめられる子どもである。

「君《きみ》って、なんてみっともないんだ！」「その子は失敗《しっぱい》だよ！　おまえさん、つくりかえることができるといいのにね」――しょっちゅう、そんな言葉《ことば》を浴《あ》びせられ、かみつかれたり、突《つ》っつかれたり、ばかにされてばかり。

はじめはかばってくれていた、お母《かあ》さんまでが「いっそどこか遠《とお》いところへ行《い》ってくれたらねえ！」。そう言《い》われて、すべてがいやになり、うちを飛《と》び出《だ》してしまう。（「みにくいアヒルの子」大畑末吉訳、『アンデルセン童話集』（二）所収、岩波文庫）

このお話《はなし》には、アンデルセン自身《じしん》の人生《じんせい》が重《かさ》なっていると言われている。

彼《かれ》は、幼《おさな》くして父《ちち》を亡《な》くし、貧《まず》しい家庭《かてい》に育《そだ》った。背《せ》がひょろ高《たか》く、夢見《ゆめみ》がちなせいで、いつも「変《か》わり者《もの》」と笑《わら》われた。

学校《がっこう》の先生《せんせい》からは「おまえは大学生《だいがくせい》にはなれないだろうよ」「おまえのつくる詩《し》は、本屋《ほんや》の物置《ものおき》でくさるだけさ」（ルーマ・ゴッデン著『アンデルセン　夢をさがしあてた詩人』山崎時彦／中川昭栄共訳、偕成社）とまで言われたという。

俳優《はいゆう》を目指《めざ》して失敗。歌手《かしゅ》を目指して失敗。恋愛《れんあい》もいつも、うまくいかず、生涯独身《しょうがいどくしん》。

自分《じぶん》がわびしい思いをしてきたからだろうか、アンデルセンの童話《どうわ》には、劣等感《れっとうかん》に苦《くる》しむ人々《ひとびと》に寄《よ》り添《そ》うような優《やさ》しさがある。

「自分を出さない」若者

家出《いえで》した「みにくいアヒルの子」は、あちこち、さまようが、小鳥《ことり》が驚《おどろ》いて逃《に》げても、「これも、僕《ぼく》が、みにくいからなんだ」と悲観《ひかん》し、恐《おそ》ろしい犬《いぬ》が噛《か》まないで去《さ》ってくれても「僕《ぼく》があんまり、みっともないんで、犬までがかみつかないんだ」と考《かんが》える。

すっかり、いじけてしまっていた。

今《いま》、日本で「自分《じぶん》を出《だ》さない」若者《わかもの》が増《ふ》えていると言《い》われる。授業《じゅぎょう》でも質問《しつもん》もしない。「私は、こう思う」と、はっきり言わない。生《い》き生《い》きした反応《はんのう》がない。そんな若者を「無気力《むきりょく》」とか「自分がない」とか非難《ひなん》する人もいる。そうなのだろうか？　私は、そう思わない。

それは「自分を出す」たびに傷《きず》ついてきたからではないだろうか。正直《しょうじき》に「わからない」と言ったら、バカにされてきた。素朴《そぼく》な質問をしたら「こんなこともわからないのか」と見下《みくだ》されてきた。

勉強以外《べんきょういがい》のことでも、「おかしい」と思ったことを、納得《なっとく》できるまで聞《き》こうとしたら、「生意気《なまいき》だ」とか「理屈《りくつ》を言うな」とか「そうなっているんだから、黙《だま》って従《したが》えばいいんだ」とか、いつも抑《おさ》えられてきた。そのせいではないだろうか。「勉強もできないくせに、一人前《いちにんまえ》のことを言うな！」と言わんばかりに。

「みにくいアヒルの子」は、やがて、お婆《ばあ》さんと猫《ねこ》とめんどりが住《す》む家《いえ》に身《み》を寄《よ》せた。しかし、そこでもばかにされる。

めんどりのように卵《たまご》も産《う》めないし、猫のように「のどをごろごろ鳴《な》らす」こともできないからだ。

どちらもできないような劣等生《れっとうせい》は、何にも言う資格《しかく》はないよ！

ああ、みんな、どうして「自分たちと同《おな》じじゃない」だけで、いじめたり、ばかにしたりするんだろう？

どうして、「見かけ」で決《き》めつけるんだろう？

「上下」じゃないんだ

ご存《ぞん》じの通り、「みにくいアヒルの子」は、実《じつ》は白鳥《はくちょう》だったことがわかり、「すべての美《うつく》しい鳥のうちでも一番《いちばん》美しい」とみんなに讃《たた》えられ、ハッピーエンドで終《お》わる。

しかしアンデルセンは、「白鳥が上《うえ》で、アヒルが下《した》」だなどと言っているのではないだろう。見返《みかえ》してやったなどと卑《いや》しいことを言いたかったのでもないだろう。

ただただ、いじめられ、抑《おさ》えられ、自信《じしん》をなくしている人たちに、「君《きみ》は君自身《じしん》でいいんだよ！」と励《はげ》ましを送《おく》りたかったのではないだろうか。

「みにくいアヒルの子」なんて、いないんだ。いるのは「素晴《すば》らしい白鳥《はくちょう》の子」と「素晴らしいアヒルの子」なんだ――。

詩人《しじん》の目《め》は、すべてのものに、かけがえのない「いのちの輝《かがや》き」を見る。名《な》もなき花《はな》にも、ブリキの人形《にんぎょう》にも、道《みち》ばたの小石《こいし》にさえも。まして、どんな子どもにだって！

自身の「宝」を疑わない

柿《かき》を見ると、だれしも懐《なつ》かしい郷愁《きょうしゅう》がわくのではないだろうか。

私の小《ちい》さいころは、果物《くだもの》の種類《しゅるい》も限《かぎ》られていて、柿が果物の王座《おうざ》をしめていた。しかも、店《みせ》で買《か》ってくるというより、木《き》に生《な》っているものを、もいで食《た》べるのが普通《ふつう》だった気《き》がする。

だから、子どもは、どこの柿が甘《あま》くて、どこの柿が渋《しぶ》いか、よく知《し》っていた。

知っているのは、鳥《とり》も同《おな》じことで、渋いうちは啄《ついば》まない。一方《いっぽう》、柿のほうでも、実《み》が熟《じゅく》して、種《たね》が充実《じゅうじつ》するまでは、食べられたくない。

柿が「もう、そろそろ種を運《はこ》んでほしいな」と願《ねが》うころと、熟して、渋みが抜《ぬ》け、鳥や動物《どうぶつ》が「食べたいな」と思う時期《じき》が一致《いっち》するようになっている。よくしたものである。

「里古《さとふ》りて柿《かき》の木持《きも》たぬ家《いえ》もなし」（芭蕉《ばしょう》）

柿は昔《むかし》から、日本の風景《ふうけい》に、しっくりと溶《と》けこんできた。栄養価《えいようか》が高《たか》く、非常食《ひじょうしょく》でもあったのだろう。

甘《あま》いものが少《すく》ない昔は、干《ほ》し柿《がき》は貴重《きちょう》な甘味料《かんみりょう》で、「菓子《かし》」も「柿子」とか「果子」と書《か》いた。

甘柿は、なるべく高いところから取《と》り、「手《て》を伸《の》ばせば取れる実《み》は、旅人《たびびと》のために残《のこ》しておく」という、ゆかしい習慣《しゅうかん》もあった。

渋柿《しぶがき》からも、重宝《ちょうほう》な「柿渋」が採《と》れる。柿渋は家具《かぐ》や紙《かみ》の防水剤《ぼうすいざい》、漁網《ぎょもう》などの防腐《ぼうふ》剤《ざい》に使《つか》われてきた。高血圧《こうけつあつ》や中風《ちゅうぶう》などの薬用《やくよう》にもされ、万能《ばんのう》のような働《はたら》き者《もの》である。

だから近年《きんねん》まで、お嫁《よめ》に行《い》ったときに柿の木を植《う》える地方《ちほう》もあった。

柿の茜《あかね》の色《いろ》は、夕焼《ゆうや》けの色。古里《ふるさと》につながり、母《はは》の思《おも》い出《で》に重《かさ》なる。

画家《がか》の円山応挙《まるやまおうきょ》は、「この世《よ》で一番美《いちばんうつく》しい絵《え》を描《か》いてくれ」と依頼《いらい》され、考《かん》えぬいたあげく、「柿の木の下《した》で、農家《のうか》のお母《かあ》さんが石《いし》に腰《こし》かけ、赤《あか》ちゃんに乳《ちち》をふくませている」絵を描いた。どんな絢爛《けんらん》たる名画《めいが》よりも、永遠《えいえん》に美しい姿《すがた》が、そこにある。

「柿食《く》ふや遠《とお》くかなしき母の顔《かお》」（石田波郷《いしだはきょう》）

その母の心《こころ》で、柿はいつも夢見《ゆめみ》ている。雨《あめ》に打《う》たれ、風《かぜ》に打たれながら、自分《じぶん》が、やがて千生《せんな》りの実《み》を、たわわに光《ひか》らせる秋《あき》を。その未来《みらい》を、一瞬《いっしゅん》も疑《うたが》わない。炎暑《えんしょ》に焼《や》かれ、雪《ゆき》に凍《こご》えても、じっと耐《た》えて耐えて、自分の中の良《よ》いものを、甘露《かんろ》を集《あつ》めるように一滴《いってき》一滴、集めながら、柿は、少《すこ》しずつ少しずつ、それを枝《えだ》の外《そと》に押《お》し出《だ》し、一日《いちにち》一日、実を太《ふと》らせていく。

どんなにつらいことがあっても、柿は、かたくなな心にはなりたくない。繊細《せんさい》な優《やさ》しい感受性《かんじゅせい》を死《し》なせたくない。惰性《だせい》にもなりたくない。年《とし》を重《かさ》ねても、いつも初々《ういうい》しく、いつも初《はじ》めての秋のように、つややかな実を、ひとつまたひとつ。

柿《かき》も、人も、めいめいが自分《じぶん》の持っている「宝《たから》」を、この世《よ》に現《あらわ》すために、生《う》まれてきた。

ある人の回想《かいそう》である。高校時代《こうこうじだい》、懇切丁寧《こんせつていねい》に教《おし》えてくれる数学《すうがく》の先生《せんせい》がいた。難《むずか》しい個所《かしょ》など、だれかが「とても、できません」と言《い》うと、先生は涙《なみだ》をこぼさんばかりにして、「わからなければ、わかるまで何度でも教《おし》えてあげます。だから、自分《じぶん》をあきらめたようなことだけは言わないでください。やれば、できるんです。できるまで、ぼくが、いくらでもつきあいますから」。

悲《かな》しげに顔《かお》をゆがめて、そう言われると、簡単《かんたん》にあきらめていた怠《なま》け心《ごころ》が恥《は》ずかしくてたまらなかった。

一人にできたことは万人に

どんなに大《おお》きな違《ちが》いがあるように見えても、すべての人間は、遺伝子《いでんし》（DNA塩基《えんき》配列《はいれつ》）の九九・九パーセントが共通《きょうつう》している。

だから、一人《ひとり》にできたことは万人《ばんにん》にできる。あなたは、あなたの道《みち》の天才《てんさい》になれる。自分の中の「宝《たから》」を疑《うたが》わないかぎり、いくらでも伸《の》びていける。どんな苦《くる》しい闇《やみ》も打開《だかい》できる。必《かなら》ず、できる。

柿は、自分をあきらめない。

柿は祈《いの》っている。全身全霊《ぜんしんぜんれい》をこめて「立派《りっぱ》な実《みの》りができますように。ひとつでも多《おお》くの実《み》をつけられますように。生《う》まれてきた使命《しめい》を果《は》たせますように」と、ひたぶるに念《ねん》じ続《つづ》けている。

その祈りが、柿を内側《うちがわ》から赤々と紅玉《こうぎょく》のように光《ひか》らせる。

「かき」とは、「かがやき」の木という意味《いみ》だという。

オアシス人間

寒《さむ》さの中にも、少《すこ》しずつ、春《はる》が近《ちか》づいてくる。

花《はな》の季節《きせつ》が近づいてくる。

「世《よ》の中には、『砂漠《さばく》人間』と『オアシス人間』がいます。心《こころ》が干上《ひあ》がってしまった『砂漠』に、私は花を植《う》えたいのです」

そう言《い》われた音楽家《おんがくか》のランドフスキー氏《し》を思《おも》い出《だ》す。

知性《ちせい》の殿堂《でんどう》「フランス学士院《がくしいん》」を統括《とうかつ》する院長《いんちょう》であられた。

氏は、こんなふうに私に語《かた》ってくださったことがある。

「とかく『科学万能《かがくばんのう》』の現代《げんだい》では、知性や合理性《ごうりせい》が重《おも》んじられる反面《はんめん》、心と精神性《せいしんせい》の問題《もんだい》が忘《わす》れられがちです。だからこそ人の心に働《はたら》きかけ、精神の力《ちから》を高《たか》め、養《やしな》ってくれる音楽の役割《やくわり》は、今後《こんご》、ますます大《おお》きくなることでしょう」

「私は、世界中《せかいじゅう》のすべての子どもが、芸術的《げいじゅつてき》な感性《かんせい》に近《ちか》づけるようにしたいのです。昔《むかし》は、教育《きょういく》の目標《もくひょう》は『読《よ》み、書《か》き、計算《けいさん》ができる』でした。しかし、今《いま》は、あまりにも合理性に偏《かたよ》った社会《しゃかい》になってしまった。だから、これからは『見《み》て、聴《き》き、愛《あい》することができる』感受性《かんじゅせい》を養うことが必要《ひつよう》だと思うのです」

まったく同感《どうかん》である。

大事《だいじ》なのは、感性である。

今、社会の底流《ていりゅう》で、感性の荒廃《こうはい》が、ものすごいスピードで進行《しんこう》している気《き》がしてならない。

人を人とも思わない無神経《むしんけい》さ、人の失敗《しっぱい》を愉快《ゆかい》がる卑《いや》しさ、攻撃《こうげき》性、暴力《ぼうりょく》、鈍感《どんかん》さ、無関心《むかんしん》。寒風《かんぷう》にさらされて、感性の肌荒《はだあ》れは、ざらざらと、ざらつくまでに、ひどくなっている。

現代人の苦《くる》しみは、心の栄養失調《えいようしっちょう》から起《お》こっているのだろう。だから、「美《び》」という滋養《じよう》が絶対《ぜったい》に必要《ひつよう》なのである。

「見《み》て、聴《き》き、愛《あい》する」ための芸術教育《げいじゅつきょういく》を！

目と耳を磨く

「見て、聴き、愛する」にも、訓練《くんれん》がいる。

たとえば、黄色《きいろ》い水仙《すいせん》の花《はな》がある。それを、ただ、じっと「見る」力《ちから》をもつ人は少《すく》ない。多《おお》くの人は、「あ、水仙の花か」と認識《にんしき》したら、それでおしまいになってしまう。

その花を三分間《かん》、見つめたら、どれほど多くの美《び》を示《しめ》してくれることか！

たとえば、ドビュッシーの曲《きょく》を「聴く」。何も考《かんが》えず、ただ「聴く」。はじめ聴こえなかったものが聴こえてくるまで、耳《みみ》を訓練していく。

曲の名前《なまえ》を覚《おぼ》えなくていい。作曲者《さっきょくしゃ》の生涯《しょうがい》を勉強《べんきょう》しなくていい。大事《だいじ》なのは、何が自分《じぶん》の耳に聴こえているかである。耳という門《もん》を通して、何が心《こころ》に届《とど》いているかである。

美しき音楽《おんがく》を「耳から心《こころ》へ」と流《なが》し入《い》れれば、心は浄化《じょうか》されていく。

ゆえに音楽は、社会《しゃかい》の盛衰《せいすい》とも奥深《おくふか》く関連《かんれん》している。

仏法《ぶっぽう》では「耳根得道《にこんとくどう》」と説《と》く。耳から入《はい》る「音律《おんりつ》」こそが、生命《せいめい》の最《もっと》も深いところに届き、いのちを底《そこ》から揺《ゆ》さぶり、変革《へんかく》する力をもっている。


今《いま》、日本でも、人間の残忍《ざんにん》さが噴出《ふんしゅつ》したかのような、さまざまな事件《じけん》が続《つづ》いている。それは、社会の底から、うめきを発《はっ》している「人間性のSOS（「助《たす》けて」の声《こえ》）」であろうか。


「人間性のSOS」は「文化《ぶんか》のSOS」である。人間を人間たらしめる「文化力」が、か細《ぼそ》く、衰《おとろ》え、息《いき》も絶《た》え絶《だ》えになっているのである。

だからこそ、「美の教育」「感性《かんせい》の教育」を！

そして、たとえば小学校《しょうがっこう》・中学校《ちゅうがっこう》・高校《こうこう》の音楽や美術《びじゅつ》の先生《せんせい》に、最高《さいこう》の文化勲章《くんしょう》を差《さ》し上《あ》げるような文化国家《こっか》へと、変化《へんか》の回転《かいてん》を始《はじ》めたいものである。

財布《さいふ》に何が入っているかよりも、心に何が入っているか。

GNP（国民《こくみん》のお金《かね》の量《りょう》）よりも、GNH（国民の幸福《こうふく》の量）が大事《だいじ》である。

「不朽の花」を

咲《さ》き誇《ほこ》る花々《はなばな》。咲き競《きそ》う花々――いや、そうではない。実《じつ》のところ、花は、誇らない。花は、競わない。

花は、他と自分《じぶん》を比《くら》べない。ただ無心《むしん》に、謙虚《けんきょ》に、そして精一杯《せいいっぱい》に、おのれの命《いのち》を開《ひら》いていくだけである。

芸術《げいじゅつ》も、人生《じんせい》も、自分自身《じぶんじしん》の命を生《い》ききって、自分なりの「心《こころ》の花」を育《そだ》て、「不朽《ふきゅう》の花」を咲かせることだ。だれが見ていようと、いまいと、砂漠《さばく》に花を植《う》えることだ。冬《ふゆ》のさなかに、春《はる》を植えることだ。その花が、いつかだれかの心を和《なご》ませ、励《はげ》ますことを楽《たの》しみに、泥《どろ》にまみれて、黙《もく》々と種《たね》を植え、花を育てる。その心こそ文化《ぶんか》であろう。

昔《むかし》、文化は「文花」あるいは「文華」とも書《か》いた。

大いなる奇跡

「池田先生《いけだせんせい》、質問《しつもん》があります！」

南米《なんべい》・アルゼンチンの小学生《しょうがくせい》から、手紙《てがみ》が飛《と》びこんできた。クラスの授業《じゅぎょう》で、私の書《か》いた童話《どうわ》を読《よ》んできたという子どもたちだ。『さくらの木《き》』や『雪《ゆき》ぐにの王子《おうじ》さま』『お月《つき》さまと王女《おうじょ》』。週一回《しゅういっかい》、朗読《ろうどく》しあったり、意見《いけん》を言《い》いあったり。そして、感想《かんそう》や質問を、まとめて送《おく》ってくれたのである。

「池田先生は、子どものころから、読書《どくしょ》は好《す》きでしたか」「ケンカをしたことがありますか」「戦争《せんそう》で、だれか愛《あい》する人をなくしましたか」「絵本《えほん》を書くとき、奥様《おくさま》は手《て》つだってくれますか」

ひとつひとつに私は一生懸命《いっしょうけんめい》、答《こた》えた。たとえば――。

質問《しつもん》「先生《せんせい》の童話《どうわ》に、木《き》や白鳥《はくちょう》、月《つき》やうさぎが出《で》てくるのはなぜですか?」

「大切《たいせつ》なものは身近《みぢか》にあります。そのことに気《き》づいてほしいのです。たとえば、うれしい心《こころ》で見れば、お月さまも笑《わら》っています。悲《かな》しい時《とき》には、お月さまも泣《な》いているようです。そうやって、お月さまは、私たちを励《はげ》ましてくれているのではないでしょうか」

質問「作家《さっか》になるために、どんな勉強《べんきょう》をしましたか?」

「特別《とくべつ》な勉強があったわけではありません。当《あ》たり前《まえ》のことを、真剣《しんけん》に真剣に努力《どりょく》する。あと一歩《いっぽ》進《すす》もう、あと五分頑張《ふんがんば》ろう、あと一枚原稿《まいげんこう》に挑戦《ちょうせん》しよう、そうやって努力してきたのです。わたしにとって『書《か》く』ことは『生《い》きる』ことと一体《いったい》です。一生懸命《いっしょうけんめい》生きないで、いい文章《ぶんしょう》は書けません」

質問「暴力《ぼうりょく》をさけるために、どんなことが大事《だいじ》ですか?」

「自分《じぶん》が強《つよ》くなることです。暴力は、おく病《びょう》な人が使《つか》うものです。おく病だから、本《ほん》当《とう》の力《ちから》がないから、力ずくでおさえようとしたり、乱暴《らんぼう》な言葉《ことば》で相手《あいて》をやっつけようとするのです。たとえ悪口《わるぐち》を言われても、いじめられても、自分が堂々《どうどう》としていれば平気《へいき》です。悪口を言った人が損《そん》するだけです」

学校《がっこう》は、首都《しゅと》ブエノスアイレスにある「アルフレド・エル・パラシオス小学校《しょうがっこう》」。到着《とうちゃく》した私の返事《へんじ》を、とても喜《よろこ》んでくれたと聞《き》いて、ほっとした。校長《こうちょう》先生が様子《ようす》を知《し》らせてくださったのだ。

「私はこころそのもの」

それにしても、言葉《ことば》とは何という奇跡《きせき》だろう。私の心の奥《おく》から生《う》まれた物語《ものがたり》が、地《ち》球《きゅう》の反対側《はんたいがわ》に住《す》むアルゼンチンの子どもたちの心の中に、ちゃんと届《とど》いている！

声《こえ》も何という不思議《ふしぎ》だろう。心の思《おも》いをそのまま伝《つた》える。耳《みみ》は、その声を聞けるし、目《め》は、見ようと思ったほうに向《む》く。手《て》が動《うご》くのも、花《はな》が咲《さ》くのも、花の香《かお》りをかげるのも、生命《せいめい》とは、それ自体《じたい》、目がくらむほどの奇跡ではないだろうか。

興味深《きょうみぶか》い話《はなし》を聞《き》いた。人間は「誕生《たんじょう》」のとき、周囲《しゅうい》の様子《ようす》がはっきりわかっているというのである。

『誕生を記憶《きおく》する子どもたち』（デーヴィッド・チェンバレン著、春秋社）という本《ほん》によると、近年《きんねん》、新生児《しんせいじ》の研究《けんきゅう》は飛躍的《ひやくてき》に進み、その結果《けっか》、「産《う》まれたばかりの赤《あか》ちゃんは何もわかっていない」という、これまでの学説《がくせつ》は時代遅《じだいおく》れになった。新生児は「多《おお》くの能《のう》力《りょく》が出生《しゅっせい》の時点《じてん》からおとな同様《どうよう》にそなわっていることが証明《しょうめい》されたのだ」。

お母《かあ》さんのおなかから出《で》てきた時《とき》の状況《じょうきょう》。どう扱《あつか》われ、何を感《かん》じたか。光《ひかり》がまぶしすぎたとか、お母さんから離《はな》されて、保育器《ほいくき》に入《い》れられ悲《かな》しかった等々。自分《じぶん》の誕生を喜《よろこ》んでいない会話《かいわ》が聞《き》こえてきて、ものすごく傷《きず》ついたと記憶している子どももいた。催眠法《さいみんほう》などで掘《ほ》り起《お》こしたそれらの記憶が実際《じっさい》と符合《ふごう》していたそうである。

「膨大《ぼうだい》な研究によって正式《せいしき》に証明されたことのひとつは、多《おお》くの親《おや》や祖父母《そふぼ》たちがずっと前《まえ》から知《し》っていたことでもあった。それは、新生児がすでにひとりの人間だということだ」

子どもたちは、想像以上《そうぞういじょう》に、何でも知っている。心《こころ》で知っているのだ。ある少女《しょうじょ》は、誕生する前後《ぜんご》の思いを覚《おぼ》えていた。「わたしは自分がなんでも知っていて、なんでもわかると思っていたし、実際よく知っていた。自分を人間であるというより、こころそのものだと、なんでも知っているかしこいこころそのものだと思っていた。だからむりやり勝手《かって》なことをされると、とても腹《はら》がたった」

生命《せいめい》は神秘《しんぴ》である。

「新生児はまた、母親《ははおや》がお話《はなし》を読《よ》むのを一生懸命《いっしょうけんめい》聴《き》いている。しかも、生《う》まれる前に聴いたことのある話のほうを聴きたがる。さらに驚《おどろ》くべきことには、ふつうに読《よ》まれるのは熱心《ねっしん》に聴くのに、逆《さか》さまに読まれると（つまり意味《いみ》をなさないと）、たちまち聴くのをやめてしまうのだ。りっぱな思考《しこう》がある証拠《しょうこ》である」

どの子も、どの子も、大いなる奇跡《きせき》なのだ！「こころそのもの」である子どもたちに、最高《さいこう》に良《よ》き物語《ものがたり》を贈《おく》りたい。日本では、食品《しょくひん》の安全性《あんぜんせい》にはやかましいのに、心の食事《しょくじ》である本《ほん》の中身《なかみ》については無《む》とん着《ちゃく》である。心に毒《どく》を入れてはいけない。「おいしくて、栄養《えいよう》のある」つまり「面白《おもしろ》くて、ためになる」ものを与《あた》えてあげたい。

「平和の文化」を世界に

どんな指導者《しどうしゃ》も、すべて民衆《みんしゅう》のためにと口《くち》にする。

どんな戦争《せんそう》も、すべて平和《へいわ》のためにと看板《かんばん》を掲《かか》げる。

しかし、戦争は必《かなら》ず民衆の犠牲《ぎせい》を出《だ》す。「それが戦争というものだ」「少々《しょうしょう》の犠牲は、やむをえないのだ」。もしも、そういう思想《しそう》がわずかでもあるとしたら！

この思想の中に、身《み》ぶるいすべき生命軽視《せいめいけいし》がある。

この思想の中に、いつまでたっても戦争を終《お》わらせられない人類《じんるい》の錯誤《さくご》がある。

この思想の中に、「世界大戦《せかいたいせん》の種《たね》」が詰《つ》まってはいまいか。

ゲリラ等に殺《ころ》されたにせよ、軍《ぐん》に殺されたにせよ、どちらも同《おな》じ大悲劇《だいひげき》ではないか！

ゆえに我《われ》ら民衆は、こう叫《さけ》ばざるをえないのだ。

平和の実《みの》りがほしければ、平和の種を植《う》えるしかない！

「終わりがない」戦い

ラテン・アメリカ工科大学《こうかだいがく》（中米《ちゅうべい》エルサルバドル共和国《きょうわこく》）のセルメーニョ学長《がくちょう》に、うかがった。

「十二年もの内戦《ないせん》が、一九九二年に、やっと終わりました。そのカギは、何だったのでしょうか」

学長の答《こた》えが、きらっと閃光《せんこう》を放《はな》った。

「終結《しゅうけつ》できた根本原因《こんぽんげんいん》は……双方《そうほう》が『相手《あいて》を打《う》ち負《ま》かすことは、永遠《えいえん》にできない』と悟《さと》ったことです！」

そうなのだ。武力《ぶりょく》では、平和は来《こ》なかったのだ。

七万五千人もの犠牲者が出《で》ていた。加《くわ》えて「行方不明者《ゆくえふめい》」は八千人とも。

同胞同士《どうほうどうし》が何のために――。これ以上《いじょう》、死体《したい》を見《み》たくなかった。

もう、どっちとも、やめてくれ！　武力《ぶりょく》は、何ひとつ解決《かいけつ》しなかったではないか。話《はな》し合《あ》ってくれ。子どもたちの未来《みらい》を考《かんが》えてくれ。生《う》まれてから、戦争《せんそう》しか知《し》らない子たちが、国中《くにじゅう》にいるんだぞ！

他国《たこく》からも、話し合いを勧《すす》める動《うご》きは、何度もあったが、失敗《しっぱい》を重《かさ》ねた。

「あんなやつらと、話し合えだと！　ばかを言《い》うな！　話《はなし》が通《つう》じる相手《あいて》じゃない！」。

互《たが》いに互いを、鬼《おに》か悪魔《あくま》のように呼《よ》んだ。対話《たいわ》の「テーブル」は遠《とお》かった。

しかし、ついに「終戦《しゅうせん》」の日《ひ》は来《き》た。コスタリカのアリアス大統領《だいとうりょう》をはじめとする近隣諸国《きんりんしょこく》の努力《どりょく》、デクエヤル事務総長《じむそうちょう》をはじめとする国連《こくれん》の努力、そして冷戦《れいせん》の終結《しゅうけつ》という国際環境《こくさいかんきょう》の激変《げきへん》が、平和《へいわ》を後押《あとお》しした。

その当時《とうじ》のエルサルバドルの指導者《しどうしゃ》は、クリスティアーニ大統領。和平《わへい》の翌年・一九九三年（平成五年）に、創価大学《そうかだいがく》に来学《らいがく》してくださった。

こう言《い》われていた。

「私たちは、内戦《ないせん》に苦《くる》しみながらも、人間への信頼《しんらい》を手放《てばな》さず、平和をつかみました」と。

そして「私は確信《かくしん》しています。『人間は、どんな問題《もんだい》も解決できる。協調《きょうちょう》を生《う》み出《だ》せる』と」――。

武力で片《かた》をつけるのが勇気《ゆうき》なのではない。対話する勇気を！　それこそが「人間の勝利《しょうり》」である。

「価値観を変えるしか」

大統領は更《さら》に「『銃声《じゅうせい》が聞《き》こえない』から平和なのではありません。銃声が聞こえなくなった今《いま》こそ、『真《しん》の平和』への挑戦《ちょうせん》が始《はじ》まったのだと思っています」と。

これは、一九九七年（平成九年）に来学された、後任《こうにん》のカルデロン大統領の言葉《ことば》と共通《きょうつう》する。

「私たちが心《こころ》の底《そこ》から求《もと》めてやまないのは『平和の文化《ぶんか》』です。寛容《かんよう》、人権《じんけん》、文化的《てき》価値《かち》を大事《だいじ》にする思想《しそう》です。今、人類《じんるい》がなすべきことは『人間革命《かくめい》を推《お》し進《すす》めながら、平和な社会《しゃかい》を建設《けんせつ》する』という挑戦なのです」

文化《ぶんか》を変《か》え、考《かんが》え方《かた》を変え、人間を変えていくしかないことが、わかった、という叫《さけ》びであった。

戦乱《せんらん》に苦《くる》しみきった国《くに》の叫びであった。

この一言《ひとこと》は、ずっしりと重《おも》い。

それを思うにつけ、暗黒《あんこく》の中で「教育の光《きょういくのひかり》」を灯《とも》すために立《た》ち上《あ》がったセルメーニョ学長《がくちょう》の偉《えら》さが、ひときわ輝《かがや》いてくる。

学長は、「外出禁止《がいしゅつきんし》」の銃撃戦《じゅうげきせん》の日々《ひび》でも、文字通《もじどお》り「命《いのち》がけ」で授業《じゅぎょう》に出《で》かけた方《かた》である。

「ただただ、学生《がくせい》のことしか考《かんが》えませんでした。若者《わかもの》たちが学《まな》べないなんて、私には、耐《た》えられないことでした」

こういう人間愛《あい》の教育者《きょういくしゃ》にとって、それでは教育とは？

「教育とは、人間に『生命《せいめい》への慈《いつく》しみ』を教《おし》えこむ仕事《しごと》です」

その通りである。国家主義《こっかしゅぎ》の教育はいけない。教育は、「すべての暴力《ぼうりょく》」を封《ふう》じこめる英知《えいち》の開発《かいはつ》でなければならない。

人間と自然《しぜん》の「かけがえのなさ」を、頭《あたま》で、心《こころ》で、肌《はだ》で、全身《ぜんしん》でつかんでいる人間を育《そだ》てなければならない。そういう教育こそが、平和《へいわ》への根本《こんぽん》軌道《きどう》を建設《けんせつ》する「文明《ぶんめい》の大闘争《だいとうそう》」ではないだろうか。

学ぶ喜びを謳歌する世紀へ

二十一世紀《せいき》の人類《じんるい》は、かつてない「高齢社会《こうれいしゃかい》」を迎《むか》える。人間の「生活《せいかつ》の質《しつ》」や「生《い》きがい」が大《おお》きく問《と》われている。

時代《じだい》は、学歴《がくれき》社会から実力《じつりょく》社会へ移《うつ》っている。語学《ごがく》や読書《どくしょ》や教養《きょうよう》は、人生《じんせい》を大きく豊《ゆた》かにする。

社会に出《で》てからも学《まな》び、見識《けんしき》を深《ふか》め、生命《せいめい》の可能性《かのうせい》を開発《かいはつ》しゆく「生涯教育《しょうがいきょういく》」が、ますます重要《じゅうよう》になる。その原動力《げんどうりょく》こそ「通信《つうしん》教育」である。

この「生涯教育」をめぐって、私はかつて、カナダの名門《めいもん》モントリオール大学《だいがく》のシマー前学長《ぜんがくちょう》、ブルジョ教授《きょうじゅ》と語《かた》り合《あ》った。〈対談集『健康と人生』で〉

シマー前学長は言《い》われていた。

「私にとって、教育とは、『学《まな》ぶことの楽《たの》しさを学ぶこと』であり、『自分《じぶん》の頭《あたま》で考《かんが》える可能性を知《し》ること』です。

これは、一度《いちど》得《え》たら、一生《いっしょう》、自分のものになる『宝《たから》』です。教育の根幹《こんかん》は、『学び続《つづ》けること』を教《おし》えるところにあります。それは、蓄積《ちくせき》された知識《ちしき》の伝授《でんじゅ》よりも大切《たいせつ》です」

人生を新たな目で見つめる

牧口先生《まきぐちせんせい》の教育思想《しそう》も同《おな》じであった。

もしも学ぶ喜《よろこ》びがなければ、生涯教育は「苦《くる》しい終身刑《しゅうしんけい》」となってしまうとは、ブルジョ教授の鋭《するど》い指摘《してき》であった。そうならないために何が大事《だいじ》か——。教授は言われた。

「一つは、難《むずか》しさを避《さ》けて学ぶのではなくて、『難しさを突《つ》き抜《ぬ》けて学ぶ』ところに本当《ほんとう》の喜びがあるということです」

「もう一つは、責任感《せきにんかん》です。他者《たしゃ》に対する、また、自分自身《じぶんじしん》が正《ただ》しく生《い》きていくための責任を果《は》たすために、学《まな》んでいくことです。

新《あたら》しい科学技術《かがくぎじゅつ》が開発《かいはつ》されて、それに、ただ追《お》いついていくために、何とか学ばなければならない。――これでは、『教育《きょういく》の奴隷《どれい》』になりかねません。常《つね》に新しいものを発見《はっけん》し、学んでいこうとする内発的《ないはつてき》な動機《どうき》、『喜《よろこ》び』があれば、生涯《しょうがい》教育は非常《ひじょう》に充実《じゅうじつ》した教育、また学習《がくしゅう》になると思います」

その通りである。

ある意味《いみ》で、歴史上《れきしじょう》、教育は、長《なが》く、一部《いちぶ》の人間のみのものであった。

二十一世紀《せいき》は、人生《じんせい》を舞台《ぶたい》に、皆《みな》が「学ぶ喜び」を謳歌《おうか》しながら、皆が強《つよ》く賢明《けんめい》になっていく時代《じだい》でなければならない。

学ぶということは、人生《じんせい》を新たな目《め》で見つめることに通《つう》じる。学び続《つづ》ける人の前《まえ》に、人生は限《かぎ》りなく豊《ゆた》かで美《うつく》しい。

第五章　価値創造の教育を求めて

わが鳳雛たちよ　学び飛びゆけ

それは、第《だい》三代会長《だいかいちょう》に就任《しゅうにん》する直前《ちょくぜん》の、一九六〇年（昭和三十五年）春《はる》、四月五日の火曜日《かようび》のことであった。

私は、マッチ箱《ばこ》のような大田区《おおたく》小林町《こばやしちょう》（当時《とうじ》）の自宅《じたく》より、本部《ほんぶ》で用意《ようい》してくださった車《くるま》で、生《い》き生きとした新緑《しんりょく》の小平市《こだいらし》（当時は小平町）の鷹《たか》の台《だい》を目指《めざ》した。

妻《つま》と二人で微笑《ほほえ》みを浮《う》かべながら、嵐《あらし》にも揺《ゆ》るがぬ、将来《しょうらい》の創価学園《そうかがくえん》の建設候補地《けんせつこうほち》を視察《しさつ》するためである。

ここには、有名《ゆうめい》な玉川上水《たまがわじょうすい》の清《きよ》き流《なが》れがある。

約《やく》三百五十年前《まえ》、徳川《とくがわ》四代将軍《しょうぐん》・家綱《いえつな》の時《とき》にできあがった水道《すいどう》であるようだ。

完成当時《かんせいとうじ》、水道としては、世界一《せかいいち》の規模《きぼ》であり、幕末《ばくまつ》・明治期《めいじき》に来日《らいにち》した外国人たちも、素晴《すば》らしいと賛嘆《さんたん》した。

せせらぎの音《おと》を聞《き》き、未来《みらい》の若《わか》き哲学者《てつがくしゃ》たちを生《う》み出《だ》す、この学園アカデメイアを夢見《ゆめみ》、語《かた》りながら、私たち夫婦《ふうふ》は、この地《ち》に向《む》かって合掌《がっしょう》した。

誰《だれ》もいない、上水のほとりの雑木林《ぞうきばやし》で、妻の手作《てづく》りの昼《ひる》のおにぎりを広《ひろ》げた。二個は梅干《うめぼ》し、二個は鰹節《かつおぶし》であった。お茶《ちゃ》の入《はい》った水筒《すいとう》があった。「あっ、忘《わす》れてきた！ 湯呑《ゆの》み茶碗《ちゃわん》を」と二人で大笑《おおわら》いしながら、そのまま水筒の蓋《ふた》を使《つか》って、代《か》わる代《が》わるに飲《の》んだことも、楽《たの》しい思《おも》い出《で》である。

小平という所《ところ》は、もともと、月《つき》が沈《しず》む山《やま》もないほど、「平《たいら》」な土地《とち》であった。一六五七年（明暦三年）、小川九郎兵衛《おがわくろべえ》が最初《さいしょ》に開拓《かいたく》したことから、その名前《なまえ》の「小」をとり、「平」と結んで、「小平」と名づけたと言われる。

そして、一八八九年（明治二十二年）、七つの村が合併《がっぺい》されて「小平村」になったと、伺《うかが》った。

当時《とうじ》、会長就任《かいちょうしゅうにん》への要請《ようせい》を、私は固辞《こじ》し続《つづ》けていた。しかし、最高首脳《さいこうしゅのう》から「このままでは、創価学会《そうかがっかい》の未来《みらい》はありません」との再三《さいさん》の懇請《こんせい》に、承諾《しょうだく》せざるをえなくなっていた。

万年《まんねん》の道《みち》を厳然《げんぜん》と開《ひら》くために、何から手《て》を打《う》つか。私は、第《だい》一に創価学園《がくえん》の創立《そうりつ》への行動《こうどう》を起《お》こしたのである。

「牧口先生《まきぐちせんせい》の悲願《ひがん》である、創価の学舎《まなびや》には、最高の教育環境《きょういくかんきょう》を整《ととの》えてもらいたい」とは、戸田《とだ》先生の遺言《ゆいごん》であった。その教育の理想郷《りそうきょう》を探《さが》すに当《あ》たって、私は具体的《ぐたいてき》に、四つの条件《じょうけん》を定《さだ》めていた。

それは――

一、武蔵野《むさしの》の大地《だいち》であること。

一、富士《ふじ》が見《み》えること。

一、清流《せいりゅう》が流《なが》れていること。

一、都心《としん》から車《くるま》で一時間ほどの距離《きょり》であること。
眼前《がんぜん》に洋《よう》々と開《ひら》ける鷹《たか》の台《だい》の天地《てんち》は、そのすべての希望《きぼう》に適《かな》っていた。

ここだ！　ここに、創価学園を建《た》てるのだ。

私は、約《やく》一万坪《つぼ》の敷地《しきち》の購入《こうにゅう》を、この日、この時《とき》、決意《けつい》したのである。

当時は、あまりにも貧《まず》しい学会であった。資産《しさん》は、わずかしかなかった。学校《がっこう》の設《せつ》立《りつ》など、誰一人《だれひとり》として、夢《ゆめ》にも思わなかった。

しかし、私は妻《つま》に言《い》った。

「これから、本《ほん》を書《か》いて書いて、書き続《つづ》けるよ。その私の印税《いんぜい》で、世界的《せかいてき》な学園を、必《かなら》ずつくってみせるからね」

妻は微笑《ほほえ》みながら頷《うなず》いた。

一陣《じん》の春風《はるかぜ》が梢《こずえ》を鳴《な》らし、野鳥《やちょう》が勢《いきお》いよく空《そら》へ飛《と》び立《た》った。

創価学園の起工式《きこうしき》が行《おこな》われたのは、その六年後の十一月十八日（一九六六年〈昭和四十一年〉）。

牧口先生《まきぐちせんせい》の命日《めいにち》であり、また『創価教育学体系《そうかきょういくがくたいけい》』が発刊《はっかん》された日《ひ》であった。

この日を迎《むか》えるまで、地元《じもと》・小平《こだいら》の尊《とうと》き同志《どうし》の方々《かたがた》が、自発的《じはってき》に建設予定地《けんせつよていち》の清掃《せいそう》を続《つづ》けてくださっていた。

ヤブ蚊《か》に刺《さ》され、土埃《つちぼこり》にまみれながら、雑草《ざっそう》を取《と》り、瓦礫《がれき》を除《のぞ》く、気高《けだか》き労作業《ろうさぎょう》は、六年間で百回を優《ゆう》に超《こ》えている。そこには、わが子を背負《せお》ったけなげな母《はは》の姿《すがた》もあった。その幼子《おさなご》がのちに学園《がくえん》に入学《にゅうがく》したというエピソードも、私は伺《うかが》っている。

ともあれ、この四十年来《らい》、学園を支《ささ》え、守《まも》ってくださったすべての方々の真心《まごころ》に、私はいつも感謝《かんしゃ》の祈《いの》りを捧《ささ》げている。

英知光る学問の勝利の行進曲

おお、我《われ》らは楽《たの》しい。

学問《がくもん》の勝利《しょうり》の行進曲《こうしんきょく》よ！

これこそ、英知《えいち》に満《み》たされた、最高《さいこう》に達《たっ》しゆく歌《うた》である。
そこには、豊《ゆた》かな活気《かっき》がある。充実《じゅうじつ》した人間《にんげん》がある。
暗闇《くらやみ》を征服《せいふく》した大喜《おおよろこ》びの希望《きぼう》が、新《あら》たに待《ま》っている。
英知《えいち》の光線《こうせん》が、うす汚《ぎたな》い社会《しゃかい》の色《いろ》を突《つ》き抜《ぬ》けて、明々《あかあか》と未来《みらい》を照《て》らす。
僕《ぼく》の交野《かたの》の思《おも》い出《で》の道《みち》は、知性《ちせい》の蘇生《そせい》に力《ちから》を貸《か》してくれている。
ここには、生涯《しょうがい》にわたる希望《きぼう》の友《とも》がいる。
努力《どりょく》に支《ささ》えられた教師《きょうし》たちがいる。
だから、私たちは、はかない迷路《めいろ》から目覚《めざ》め、過《あやま》ちのない、無限《むげん》の智恵《ちえ》に
至《いた》る大道《たいどう》を知《し》っている。
わが校《こう》には、調和《ちょうわ》のとれた、博識《はくしき》の引力《いんりょく》が存在《そんざい》するのだ。

ここ関西創価学園《かんさいそうかがくえん》の存在《そんざい》する交野《かたの》の天地《てんち》は、いにしえより、あまりにも有名《ゆうめい》である。
千年前《ねんまえ》の『枕草子《まくらのそうし》』にも、その名《な》が綴《つづ》られている。平安朝《へいあんちょう》の時代《じだい》から、交野は桜《さくら》の名所《めいしょ》としても知られていたようだ。

『新古今和歌集《しんこきんわかしゅう》』にも、次《つぎ》のような名歌《めいか》が残《のこ》っている。

またや見《み》む
　交野《かたの》の御野《みの》の
　　桜狩《さくらかり》
花《はな》の雪散《ゆきち》る
　春《はる》のあけぼの

学園生活《せいかつ》の舞台《ぶたい》には、「天野川《あまのがわ》」という川《かわ》があり、「天野が原《はら》」という野《の》があり、「星田《ほしだ》」という地《ち》がある。その「天野川」には、天上《てんじょう》を渡《わた》る「天の川」が映《えい》じたかのようなロマンがある。

この地は、蛍《ほたる》が飛《と》び交《か》う場所《ばしょ》でもある。これにちなんで、学園では蛍を飼育《しいく》し、研究《けんきゅう》をし始《はじ》めた。

今《いま》では、幾《いく》たびとなくテレビで放映《ほうえい》され、新聞《しんぶん》にも載《の》るくらいの名所《めいしょ》になっている。

私も一度《ど》、その時期《じき》、妻《つま》と二人《ふたり》して、蛍の成育《せいいく》の中心者《ちゅうしんしゃ》である先生《せんせい》の案内《あんない》で、夕闇迫《ゆうやみせま》る学園の蛍の生息地《せいそくち》を見せていただいた。

それはそれは、万葉《まんよう》の夢《ゆめ》そのものの、幾《いく》百幾千の蛍が乱舞《らんぶ》しゆく、天才《てんさい》の光《ひかり》の芸術《げいじゅつ》であり、私は驚嘆《きょうたん》した。今《いま》でも脳裏《のうり》から離《はな》れない。

またある先生は、桜《さくら》の研究《けんきゅう》の責任者《せきにんしゃ》として、あの校庭《こうてい》にも、あの山《やま》の裾野《すその》にも、花《はな》を咲《さ》かせた。桜の季節《きせつ》には、平和郷《へいわきょう》そのもののたたずまいが、すばらしい。

わが学園は、英知の若《わか》き生徒《せいと》たちが集《つど》う、ロマンと詩情《しじょう》に包《つつ》まれた学舎《まなびや》である。

なんという「おとぎの国《くに》」にできあがった、「青春《せいしゅん》の城《しろ》」か！　「栄光《えいこう》の城」か！　「勝利《しょうり》の城」か！

一二四八年（宝治《ほうじ》二年）、日蓮大聖人《にちれんだいしょうにん》が、二十七歳《さい》の若き日、修学《しゅうがく》の途上《とじょう》に歩《あゆ》まれたと推察《すいさつ》される街道《かいどう》も、交野《かたの》を通《とお》っている。

私が、ここ交野を初《はじ》めて訪問《ほうもん》したのは、一九五七年（昭和三十二年）の四月十六日の午後《ごご》三時半《はん》であったと記憶《きおく》する。交野町での座談会《ざだんかい》に駆《か》けつけたのである。この日の午後だけでも、吹田《すいた》、守口《もりぐち》、四条畷《しじょうなわて》等と、五会場《かいじょう》の会合《かいごう》への出席《しゅっせき》となった。

やがて襲《おそ》い来《く》る、権力《けんりょく》の魔手《ましゅ》を感《かん》じながらの、激闘《げきとう》の連続《れんぞく》であった。

関西の共戦《きょうせん》の友《とも》は、三世《さんぜ》永遠《えいえん》の家族《かぞく》である。そのお子《こ》さんやお孫《まご》さんが胸《むね》を張《は》って学《まな》びゆく理想《りそう》の学園を、この佳《よ》き地《ち》につくりたいと、私は遠大《えんだい》な夢《ゆめ》を、人知《ひとし》れず広《ひろ》げていたのである。

三ヵ月後《ご》の七月十七日。冤罪《えんざい》の不当逮捕《ふとうたいほ》から出獄《しゅつごく》した私を、関西の勇敢《ゆうかん》なる同志《どうし》は、中之島《なかのしま》の公会堂《こうかいどう》に迎《むか》えてくれた。

この雨《あめ》の「大阪大会《おおさかたいかい》」に、ある母《はは》は生《う》まれて間《ま》もない乳飲《ちの》み子《ご》を抱《かか》え、ある母は出産《しゅっさん》を間近《まぢか》に控《ひか》えながら参加《さんか》してくれた。私は、その尊《とうと》き姿《すがた》をば、一生涯《いっしょうがい》、忘《わす》れることができない。

いかなる宿縁《しゅくえん》であろうか。この時《とき》に前後《ぜんご》して誕生《たんじょう》した子《こ》どもたちが、十六年後、凛々《りり》しい乙女《おとめ》に成長《せいちょう》して、関西創価学園の第一回入学式《にゅうがくしき》に集《つど》ってきたのである。それは、一九七三年（昭和四十八年）の四月十一日、陽光《ようこう》まばゆき水曜日《すいようび》であった。

関西学園も、建設《けんせつ》に至《いた》るまで、地元青年部《じもとせいねんぶ》の有志《ゆうし》が、何度《なんど》も何度も草刈《くさか》りに、金《きん》の汗《あせ》を流《なが》してくださった。

また「学園守《まも》る会《かい》」の方々《かたがた》が、献身的《けんしんてき》に庭園《ていえん》の整備《せいび》を続《つづ》けてくださっている。私は、心《こころ》から感謝《かんしゃ》にたえない。

開校直後《かいこうちょくご》から、私は、妻《つま》と共《とも》に泊《と》まりがけで、建学《けんがく》に取《と》り組《く》んだ。

駅《えき》から歩《ある》いて二十分ほどかかる、なだらかな坂道《さかみち》の通学路《つうがくろ》は、学園生《がくえんせい》にとって鍛《きた》えの道《みち》である。

秋《あき》の第一回希望祭《きぼうさい》を終《お》え、残《のこ》って片《かた》づけをしている数人《すうにん》の学園生がいた。さぞかし疲《つか》れているにちがいない。私は、急《きゅう》きょ、車《くるま》を用意《ようい》してもらい、夕焼《ゆうや》けの道《みち》を一緒《いっしょ》に乗《の》って駅まで見送《みおく》った。

よき教育《きょういく》とは、よき思《おも》い出《で》を残《のこ》すことであろう。

ある時《とき》、学園生の下宿先《げしゅくさき》に足《あし》を運《はこ》ぶと、九州《きゅうしゅう》のお母《かあ》さんが病気《びょうき》であるという。私は、その場《ば》で、すぐお宅《たく》へ電話《でんわ》して、受話器《じゅわき》に出《で》た妹《いもうと》さんに、お見舞《みま》いの伝言《でんごん》を託《たく》した。一期生《いっきせい》の卒業《そつぎょう》を前《まえ》にした厳冬《げんとう》の一月、たまたま廊下《ろうか》で会《あ》った学園生の中《なか》に、親《おや》を亡《な》くした生徒《せいと》が二人いた。

私は「学園《がくえん》っ子《こ》は負《ま》けてはいけない。苦《くる》しみ悩《なや》んだ人《ひと》ほど強《つよ》い人になる」と励《はげ》まし、後日《ごじつ》、校内《こうない》にそれぞれの亡《な》き父《ちち》、亡き母《はは》の「竹《たけ》」を植樹《しょくじゅ》した。私《わたし》の創立《そうりつ》した学園《がくえん》に、大切《たいせつ》な我《わ》が子《こ》を送《おく》り出《だ》してくださったご家族《かぞく》のことは、生死《しょうじ》を超《こ》えて、胸《むね》の奥深《おくふか》くに留《とど》めている。

関西《かんさい》学園には多《おお》くの世界の識者《しきしゃ》が訪《おとず》れる。

ノーベル平和賞《へいわしょう》を受賞《じゅしょう》したゴルバチョフ元《もと》ソ連大統領《れんだいとうりょう》ご夫妻《ふさい》、キューバのハルト文化大臣《ぶんかだいじん》、ヨーロッパ科学芸術《かがくげいじゅつ》アカデミーのウンガー会長《かいちょう》、モスクワ大学《だいがく》のログノフ前総長《ぜんそうちょう》、イギリス・グラスゴー大学のマンロー教授《きょうじゅ》、フィリピン大学のアブエバ総長、トルコ・アンカラ大学のセリーン前総長、韓国《かんこく》・慶熙《キョンヒ》大学の趙永植学園長《チョーヨンシクがくえんちょう》、アメリカの精神医学者《せいしんいがくしゃ》ポーリング・ジュニア博士等々《はかせとうとう》、来校者《らいこうしゃ》が絶《た》えない（肩書《かたがき》は来校時）。

これ自体《じたい》が、類例《るいれい》のない「国際人教育《こくさいじんきょういく》」の象徴《しょうちょう》の姿《すがた》といってよい。

それぞれの方々《かたがた》が、口々《くちぐち》に、「日本一の学園、いな世界一の学園である」と感嘆《かんたん》し、賞賛《しょうさん》してくださっている。

「この中《なか》から、日本の優秀《ゆうしゅう》な指導者、世界にまたがる大指導者が輩出《はいしゅつ》されるであろう」と期待《きたい》し、主張《しゅちょう》してくださる方も、まことに多い。

男女共学《だんじょきょうがく》となって第一回の入学式（一九八二年）には、フランス学士院《がくしいん》の会員《かいいん》であるルネ・ユイグ氏《し》が祝福《しゅくふく》に駆《か》けつけてくださった。ルーブル美術館《びじゅつかん》の至宝《しほう》を、ナチスから守《まも》り抜《ぬ》いた、精神《せいしん》の闘士《とうし》である。

その時の「共学一期生」も、教職員《きょうしょくいん》の方々と一体《いったい》になって、新《あたら》しい伝統《でんとう》を立派《りっぱ》に築《きず》いてくれた。

学園生の探求《たんきゅう》は、宇宙《うちゅう》にも広《ひろ》がっている。一九九四年（平成六年）には、アメリカのウィルソン山天文台《さんてんもんだい》との画期的《かっきてき》な映像交信《えいぞうこうしん》が実現《じつげん》した。

さらにNASA（アメリカ航空宇宙局）の教育プログラム「アースカム」計画《けいかく》に、日本の代表校《だいひょうこう》として参加《さんか》している。スペースシャトルが、宇宙から撮影《さつえい》した地球の映像を、学園の教室《きょうしつ》で受信《じゅしん》するのである。可憐《かれん》な蛍《ほたる》の光も、壮大《そうだい》な宇宙の星《ほし》の光も、共《とも》に包《つつ》みゆく二十一世紀《せいき》の知性《ちせい》の最先端《さいせんたん》が〝関西創価〟である。

新入生《しんにゅうせい》を迎《むか》える関西学園の講堂《こうどう》には、快活《かいかつ》な民衆詩人《みんしゅうしじん》ホイットマンの像《ぞう》が、「勝利《しょうり》の行進《こうしん》」を呼《よ》びかけるように立《た》っている。

彼《かれ》は歌《うた》った。

「君《きみ》ら　西部《せいぶ》の若者《わかもの》たちよ、君らが先頭《せんとう》に伍《ご》して進《すす》みゆくさまがわたしには　はっきり見《み》える、
開拓者《かいたくしゃ》よ、おお開拓者よ。
年長《ねんちょう》の種族《しゅぞく》は立ち止まってしまったか」

「ならば我《われ》らが引《ひ》き受《う》けよう、その永遠《えいえん》の任務《にんむ》を、そして苦役《くえき》と勉学《べんがく》を、
開拓者よ、おお開拓者よ」
「もっと大《おお》きな新《あら》たな世界、多様《たよう》な世界に我らは乗《の》り出《だ》す」
（「開拓者よ、おお開拓者よ」『草の葉』酒本雅之訳、岩波文庫）

創価学園の校訓・モットー

〈校訓〉

一、真理《しんり》を求《もと》め、価値《かち》を創造《そうぞう》する、英知《えいち》と情熱《じょうねつ》の人《ひと》たれ
二、決《けっ》して人に迷惑《めいわく》をかけず、自分《じぶん》の行動《こうどう》は自分で責任《せきにん》をとる
三、人には親切《しんせつ》に、礼儀《れいぎ》正《ただ》しく、暴力《ぼうりょく》を否定《ひてい》し、信頼《しんらい》と協調《きょうちょう》を重《おも》んずる
四、自分の信条《しんじょう》を堂々《どうどう》と述《の》べ、正義《せいぎ》のためには勇気《ゆうき》をもって実行《じっこう》する
五、進取《しんしゅ》の気性《きしょう》に富《と》み、栄光《えいこう》ある日本の指導者《しどうしゃ》、世界《せかい》の指導者に育《そだ》て

〈モットー〉

「英知《えいち》」「栄光《えいこう》」「情熱《じょうねつ》」「良識《りょうしき》」「健康《けんこう》」「希望《きぼう》」

創価学園の五原則・合言葉

〈五原則〉

一、生命《せいめい》の尊厳《そんげん》
一、人格《じんかく》の尊重《そんちょう》
一、友情《ゆうじょう》の深《ふか》さ・一生涯《いっしょうがい》の友情
一、暴力《ぼうりょく》の否定《ひてい》
一、知的《ちてき》・知性的人生《ちせいてきじんせい》たれ！

〈合言葉〉

一、先輩《せんぱい》は後輩《こうはい》を、弟《おとうと》・妹《いもうと》のようにかわいがって、大切《たいせつ》にしていかねばならない

一、後輩は先輩を、兄《あに》・姉《あね》のように尊敬《そんけい》していかねばならない

一、絶対《ぜったい》に暴力《ぼうりょく》やいじめを許《ゆる》してはならない

創価大学の建学の精神

〈建学の精神〉

● 人間教育《にんげんきょういく》の最高学府《さいこうがくふ》たれ

● 新《あたら》しき大文化《だいぶんか》建設《けんせつ》の揺籃《ようらん》たれ

● 人類《じんるい》の平和《へいわ》を守《まも》るフォートレス（要塞《ようさい》）たれ

アメリカ創価大学の教育方針

〈モットー〉

● 生命《せいめい》ルネサンスの哲学者《てつがくしゃ》たれ！

● 平和連帯《へいわれんたい》の世界市民《せかいしみん》たれ！

● 地球文明《ちきゅうぶんめい》のパイオニアたれ！

〈指針〉

● 「文化主義《ぶんかしゅぎ》」の地域《ちいき》の指導者育成《しどうしゃいくせい》

● 「人間主義《にんげんしゅぎ》」の社会《しゃかい》の指導者育成

● 「平和主義《へいわしゅぎ》」の世界《せかい》の指導者育成

● 自然《しぜん》と人間の共生《きょうせい》の指導者育成

プラトンの最大の遺産は人材

紀元前《きげんぜん》三八七年（別説《べっせつ》も）、ギリシャの大哲学者《だいてつがくしゃ》プラトンは四十歳《さい》にして、学園《がくえん》（アカデメイア）を創立《そうりつ》した。私が創価《そうか》学園を創立したのも、同《おな》じ年齢であった。

プラトンが心血《しんけつ》を注《そそ》ぎ、私財《しざい》をなげうって築《きず》き上《あ》げた学園も、創立三十年を過《す》ぎたころには、出身者《しゅっしんしゃ》の颯爽《さっそう》たる活躍《かつやく》が歴史《れきし》の檜舞台《ひのきぶたい》で始《はじ》まっていた。わが創価学園も、まったく同じ姿《すがた》である。

有名《ゆうめい》な『英雄伝《えいゆうでん》』の作者《さくしゃ》プルタークは記《しる》している。

「プラトンは、法律《ほうりつ》や国家《こっか》について立派《りっぱ》な著作《ちょさく》を書《か》いて残《のこ》した。しかし、それよりも、もっと立派なものを残している」

人類史《じんるい》に輝《かがや》くプラトンの著作よりも、「もっと立派なもの」とは、いったい何か。

それは、プラトンが創立した学園出身の、キラ星《ぼし》のごとき人材群《じんざいぐん》だというのである。

たとえば、ある学園生は、祖国《そこく》アテネを代表《だいひょう》する指導者《しどうしゃ》となった。

また、ある学園生は、外国《がいこく》に派遣《はけん》されて、平和《へいわ》と安定《あんてい》を開《ひら》き、その国《くに》に大《おお》きな貢献《こうけん》をした。

さらに、ある学園生は、依頼《いらい》を受《う》けて、法律を作《つく》り上《あ》げた。

さらにまた、ある人は、アレキサンダー大王《だいおう》の政治顧問《せいじこもん》を務《つと》めた。

そしてまた、ある人は、学術面《がくじゅつめん》において、ギリシャ世界《せかい》を大きくリードしていった。

こうした師弟一体《していいったい》の社会の変革《へんかく》は、人々《ひとびと》を瞠目《どうもく》させ、各国《かくこく》の指導層《そう》からも、絶大《ぜつだい》なる信頼《しんらい》が創立者プラトンのもとに寄《よ》せられたのである。

今《いま》、わが学園出身者も、世界のありとあらゆる分野《ぶんや》に躍《おど》り出《で》て、勇敢《ゆうかん》に戦《たたか》っている。

私のもとには、そうした皆《みな》さんの素晴《すば》らしい活躍《かつやく》の報告《ほうこく》が、続々《ぞくぞく》と入ってくる。驚《おどろ》くほどである。

プラトンの学園生のごとく、わが創価学園生の活躍も、将来《しょうらい》、歴史に厳然《げんぜん》と残っていくことと確信《かくしん》している。

師への迫害に弟子が師子吼

さて、プラトンの若《わか》き日、師匠《ししょう》である正義《せいぎ》の哲人《てつじん》ソクラテスは、狂《くる》った嫉妬社会《しっとしゃかい》の中で、まったく事実無根《じじつむこん》の讒言《ざんげん》によって陥《おとし》いれられた。

偉大《いだい》なる人物《じんぶつ》に共通《きょうつう》する宿命《しゅくめい》である。

その時《とき》、若きプラトンは、師匠に悪口《わるぐち》を浴《あ》びせる者《もの》たちの前《まえ》に憤然《ふんぜん》と立《た》ちはだかって、師を擁護《ようご》する叫《さけ》びを雄《お》々しく師子吼《ししく》したという。

その勇気《ゆうき》は、今日《こんにち》まで語《かた》り伝《つた》えられている。

だれよりも正義であり、だれよりも青年《せいねん》を向上《こうじょう》させたソクラテスに対《たい》して、妬《ねた》ましく思う人間たちは、卑劣《ひれつ》にも、「青年を堕落《だらく》させた」という、虚偽《きょぎ》の罪《つみ》をなすりつけて、投獄《とうごく》する理由《りゆう》の一つにした。そして権力《けんりょく》の魔性《ましょう》は、世界最高峰《せかいさいこうほう》の偉人《いじん》を獄死《ごくし》させたのである。

ここに嫉妬という、人間社会の恐《おそ》ろしい現実《げんじつ》がある。

善悪《ぜんあく》の基準《きじゅん》が狂《くる》った社会に、断《だん》じて流《なが》されてはいけない。それでは愚《おろ》かであり、不《ふ》幸《こう》であるからだ。

戸田先生《とだせんせい》は、青年が興味本位《きょうみほんい》の雑誌《ざっし》を読《よ》んでいると、烈火《れっか》のごとく怒《おこ》った。「こんなものを読むな。青年は学問《がくもん》の書《しょ》を読め」と厳《きび》しかった。

九〇〇年の学園の光

「青年を育《そだ》てた」師匠が「青年を堕落させた」と攻撃《こうげき》される——プラトンは激怒《げきど》した。

邪悪《じゃあく》との大闘争《だいとうそう》で、弟子《でし》としての一生《いっしょう》を終《お》わる！——こう決《き》めた。

そして学園《がくえん》を創立《そうりつ》し、偉大なる正義と真実《しんじつ》の逸材《いつざい》を一人《ひとり》また一人と育て上げて、師ソクラテスの正《ただ》しさを、世界に、そして歴史《れきし》に厳然《げんぜん》と示《しめ》し切《き》っていった。

師をいじめ、苦《くる》しめた悪辣《あくらつ》な連中《れんちゅう》は、やがて軽薄《けいはく》な時流《じりゅう》とともに滅《ほろ》び、跡形《あとかた》もなく消《き》え失《う》せた。

正義は強《つよ》い。ソクラテスとプラトンの崇高《すうこう》な師弟《してい》を原点《げんてん》とする学園は、創立の精神《せいしん》を守《まも》り抜《ぬ》きながら、歴史《れきし》の波乱《はらん》を勝《か》ち越《こ》えた。

そして、じつに九〇〇年の長《なが》きにわたり、西洋文明《せいようぶんめい》の電源地《でんげんち》として黄金《おうごん》の光彩《こうさい》を放《はな》っていった。

ソクラテスとプラトンの正義《せいぎ》の人生《じんせい》、迫害《はくがい》との戦《たたか》いは、現代《げんだい》に至《いた》るまで、世界《せかい》に光《ひかり》を送《おく》り続《つづ》けている。ここが大事《だいじ》なところである。

わが創価学園《そうかがくえん》も、今《いま》、偉大《いだい》な歴史の第一章《だいいっしょう》、第二章をつづっていると、私は信《しん》じてやまない。

「人間教育《きょういく》」「英才教育《えいさいいく》」、そして「世界市民《しみん》教育」の模範《もはん》の学舎《まなびや》との賞讃《しょうさん》が寄《よ》せられ始《はじ》めた。

いよいよ、「創価学園の世紀《せいき》」の実像《じつぞう》が現《あらわ》れ始めた。

学園の先生方《せんせいがた》は、一人ひとりの生徒《せいと》を「将来《しょうらい》、必《かなら》ず偉《えら》くなる人だ」と心《こころ》から尊敬《そんけい》し、大事にしていただきたい。その人が偉大な教師《きょうし》である。

プラトンは、学園で勝《か》った。教育で勝利《しょうり》した。

私も、学園で勝った！　教育で勝った！

学園生とともに、真実《しんじつ》の「人間の勝利」を飾《かざ》ったと、ここに宣言《せんげん》しておきたい。

君よ正義の知性たれ！

プラトンは、政治《せいじ》の改革《かいかく》にも尽力《じんりょく》した。人々《ひとびと》のため、社会《しゃかい》のために戦う人間が、本当《ほんとう》の学者《がくしゃ》である。博士《はかせ》である。

プラトンが、愛《あい》する学園生たちに強《つよ》く深《ふか》く打《う》ち込んでいたことがある。それは、〝邪悪《じゃあく》で不正《ふせい》な者《もの》どもに、断《だん》じて負《ま》けない智慧《ちえ》を磨《みが》け！　悪を撃退《げきたい》する力《ちから》を鍛《きた》えよ！〟という一点《いってん》であったといわれる。

アカデメイアを巣立《すだ》った青年《せいねん》に「邪悪で不正な者どもに対して防衛《ぼうえい》できる知《ち》、ないしは一種《いっしゅ》の撃退能力《のうりょく》というものも、必要《ひつよう》でしょう」（「書簡集」長坂公一訳、『プラトン全集』14所収、岩波書店）と語《かた》っている。

正義の人は幸福《こうふく》である。

正義の人が平和《へいわ》をつくる。

学園生よ、断固《だんこ》として戦い、断固として勝《か》ち抜《ぬ》く、正義《せいぎ》の知性《ちせい》たれ！――これが私の、心《こころ》からの願《ねが》いである。

長編詩　大空を見つめて

山本伸一

最後《さいご》の一歩《いっぽ》まで
断《だん》じて退《しりぞ》くな！
幸福《こうふく》は　前《まえ》にあるからだ
後《うし》ろに引《ひ》き下《さ》がる青春《せいしゅん》は
自《みずか》らの宝《たから》を
捨《す》て去《さ》ってしまうからだ

断じて　前へ進《すす》め！
断じて　前へ歩め！
断じて前へ行《い》け！
必《かなら》ず　そこには
希望《きぼう》と金《きん》の汗《あせ》と
勝《か》ちゆく鼓動《こどう》と
満足《まんぞく》の魂《たましい》の輝《かがや》きがある

強《つよ》い人間には
正義《せいぎ》が光《ひか》る
弱《よわ》い人間には
勝ち抜《ぬ》く力《ちから》がない

二十一世紀《せいき》の舞台《ぶたい》を
躍《おど》り走《はし》る　英知《えいち》の若獅子《わかじし》を
育《そだ》てゆくのが
わが創価学園《そうかがくえん》である

この学園は
青春《せいしゅん》の精髄《せいずい》を
人間の真髄《しんずい》を
学問《がくもん》の究極《きゅうきょく》を
生命深《せいめいふか》く授《さず》けんとする
世界《せかい》一の若《わか》き学舎《まなびや》である
これこそ今《いま》までの歴史《れきし》が
物語《ものがた》っている

幾多《いくた》の彼《かれ》らの事実《じじつ》が
語《かた》り残《のこ》している

「学《まな》ばずは卑《いや》し」との
生《い》き生きとした校風《こうふう》が
この世《よ》の知性《ちせい》の太陽《たいよう》となって
煌《きら》めいている

ある偉大《いだい》な外国《がいこく》の教授《きょうじゅ》は
「学園は二十一世紀《せいき》の
模範中《もはんちゅう》の模範の学校《がっこう》なり」と
著名《ちょめい》な日本の教師《きょうし》は曰《いわ》く
「荒廃《こうはい》している学校《がっこう》 教育《きょういく》の中で

奇跡《きせき》に近《ちか》い
理想的《りそうてき》な教育《きょういく》をなさるのは
なんと偉大《いだい》なことか!」

多《おお》くの来客《らいきゃく》が
見学《けんがく》に来《こ》られる
ある方《かた》は教師《きょうし》を誉《ほ》め
ある方は生徒を誉め
ある方は環境《かんきょう》を讃《たた》え
また　ある人は
登校下校《とうこうげこう》の凛々《りり》しい
礼儀正《れいぎただ》しい紅顔《こうがん》の美少年《びしょうねん》を
誉《ほ》め讃《たた》えてくれている

新世紀《しんせいき》の指導者《しどうしゃ》を
育成《いくせい》しゆく
鳳雛《ほうすう》の英知《えいち》の城《しろ》は
東《ひがし》には
富士《ふじ》が見える武蔵野《むさしの》に
また西《にし》には
山《やま》と緑《みどり》の関西《かんさい》の交野《かたの》に

その世紀の創価《そうか》の学舎《まなびや》の
春《しゅん》　夏《か》秋冬《しゅうとう》は
若々《わかわか》しい血潮《ちしお》と
清《きよ》らかな瞳《ひとみ》が
波《なみ》のごとく煌《きら》めいている

瑞々《みずみず》しい魂《たましい》
底抜《そこぬ》けに明《あか》るい笑顔《えがお》
打《う》てば響《ひび》く歓声《かんせい》の
花《はな》と咲《さ》く頬《ほお》の色《いろ》

私は　いつも妻《つま》と語《かた》る
「お腹《なか》はすいていないか」
「寒《さむ》くはないか」
「お小遣《こづか》いは足《た》りているか」
「友《とも》だちと仲良《なかよ》くやっているか」
「寂《さび》しい思いをしていないか」
「悩《なや》んでいないか」
ああ　来《く》る日《ひ》も来る日も
若《わか》き英才《えいさい》たちの姿《すがた》は

私の心《こころ》を離《はな》れない――
創価教育《そうかきょういく》の父《ちち》たる
牧口先生《まきぐちせんせい》の遺志《いし》は　ここに！
戸田《とだ》先生の決意《けつい》も　ここに！

牧口先生は　常《つね》に
夢《ゆめ》を広《ひろ》げておられた
「創価教育学の学校《がっこう》を
小学校《しょうがっこう》から大学《だいがく》まで」と

その遥《はる》かな構想《こうそう》を
戸田先生は
私に託《たく》された

「偉大《いだい》なる牧口先生《まきぐちせんせい》の
教育思想《きょういくしそう》を
埋《う》もらせてはならない」

「教育しかない
教育なくして
人類《じんるい》の未来《みらい》も幸福《こうふく》も
平和《へいわ》もない」――

一九六八年春の四月
緑《みどり》と小川《おがわ》に囲《かこ》まれた小平《こだいら》に
創価中学《そうかちゅうがく》・高校《こうこう》が
晴《は》れ晴《ば》れと開校《かいこう》した

そして
「創価一貫《いっかん》教育」の構想《こうそう》は
次々《つぎ》と花開《はなひら》いた
創価女子《じょし》中学・高校
東京《とうきょう》創価小学校
関西《かんさい》創価小学校
札幌《さっぽろ》創価幼稚園《ようちえん》
香港《ほんこん》　シンガポール
さらにマレーシアの
創価幼稚園――

学園《がくえん》の卒業生《そつぎょうせい》は
もはや
政界《せいかい》　財界《ざいかい》　教育界

医学界《いがくかい》　法曹界《ほうそう》　等々
ありとあらゆる社会《しゃかい》の分野《ぶんや》で
すばらしき貢献《こうけん》をしている
世界《せかい》では
アフリカ　北南米《ほくなんべい》
アジア　オセアニア
ヨーロッパ
ロシア　キルギスをはじめ
百数十カ国《こく》で
一流《りゅう》の使者《ししゃ》として戦《たたか》っている
そして
創価《そうか》の栄光《えいこう》の名を
燦然《さんぜん》と残《のこ》し綴《つづ》られている

ある日　ある時《とき》
ふと　私は妻《つま》に漏《も》らした
「嫉妬《しっと》うず巻く日本を去《さ》ろう
世界《せかい》が待《ま》っているから」

その時　妻は
微笑《ほほえ》んで言《い》った
「あなたには　学園生《がくえんせい》がいます
学園生は　どうするのですか？
きっと　寂《さび》しがりますよ」

そうだ！
そうだ　学園がある！
未来の生命《せいめい》たる

学園生《がくえんせい》がいる！
君《きみ》たちのためなら
私は
いかなる迫害《はくがい》も
いかなる中傷《ちゅうしょう》も
いかなる試練《しれん》も
まったく眼中《がんちゅう》にない

一九七九年（昭和五十四年）
せめてもの思いで訪《おとず》れた
東京校《とうきょうこう》の栄光寮《えいこうりょう》
生徒《せいと》たちに声《こえ》を掛《か》けながら
各部屋《かくへや》を歩《ある》いた
「健康《けんこう》に気《き》をつけてね」

「お父《とう》さん　お母《かあ》さんに
心配《しんぱい》かけないように」

散《ち》らかし放題《ほうだい》の部屋もあった
だが
皆《みな》　わが子だ
皆　元気《げんき》だった
皆　若獅子《わかじし》であった

何よりも
師弟《してい》の道《みち》を熟知《じゅくち》している
彼《かれ》らであった
本当《ほんとう》に会《あ》えることが嬉《うれ》しかった

関西《かんさい》校の娘《むすめ》たちを

私は「園子《そのこ》」と愛称《あいしょう》していた
寮《りょう》に住《す》む一人《ひとり》の園子に
妻《つま》と二人で電話《でんわ》し
激励《げきれい》したこともある

そして
皆への伝言《でんごん》も託した
「今《いま》は会《あ》えなくて
寂《さび》しいかもしれないが
皆で仲良《なかよ》く団結《だんけつ》して
強《つよ》い心《こころ》で頑張《がんば》りなさい！」

その年《とし》の暮《く》れ
園子たちは
真心《まごころ》の千羽鶴《せんばづる》を届《とど》けてくれた
清《きよ》らかな思いをこめて
「学園生《がくえんせい》は　元気《げんき》です！」と
綴《つづ》られていた

言葉《ことば》に尽《つ》くせぬほど
あまりにも　愛《いと》おしき
あまりにも　頼《たの》もしき
わが学園生よ！
創価《そうか》の不滅《ふめつ》の宝《たから》よ！

学《まな》びゆく若《わか》き君《きみ》たちよ！
やがて輝《かがや》く黄金《おうごん》の翼《つばさ》に乗《の》って
皆と一緒《いっしょ》に！
私も一緒に！

どこまでも高《たか》く
どこまでも遠《とお》く
賢明《けんめい》に　賢明に
大空《おおぞら》へと舞《ま》ってゆこうよ！

君《きみ》たちよ

君たちには
長《なが》い大事《だいじ》な人生《じんせい》が待《ま》っている
断《だん》じて負《ま》けてはならない
これが学園魂《がくえんだましい》だ

平凡《へいぼん》な人生《じんせい》でもいい
無名《むめい》の人生でもいい
社会的《しゃかいてき》に偉《えら》くない人生でもいい
下積《したづ》みの人生でもいい
つまり
自分自身《じぶんじしん》の人生を
どう生《い》き抜《ぬ》くかという
心《こころ》の勝利者《しょうりしゃ》になりゆくことだ

負け惜《お》しみを言《い》う必要《ひつよう》もない
弁解《べんかい》をする必要もない
後悔《こうかい》をする必要もない

人類《じんるい》の教師《きょうし》ソクラテスは言った
「正《ただ》しい生活《せいかつ》を送《おく》った者《もの》は
よりよい運命《うんめい》にあずかり
不正《ふせい》な生活を送った者は

より悪《わる》い運命《うんめい》にあずかる」

細《ほそ》くとも
険《けわ》しくとも
草《くさ》むらであっても
凹凸《おうとつ》があっても
泥沼《どろぬま》であっても
自分《じぶん》の
天《てん》から与《あた》えられた
「わが道《みち》」を
勇敢《ゆうかん》に進《すす》んでいくことだ

ただ　父母《ちちはは》に心配《しんぱい》をかけるな
友達《ともだち》を大切《たいせつ》にすることだ

社会《しゃかい》に絶対《ぜったい》に
迷惑《めいわく》をかけないことだ
後輩《こうはい》たちを
大切にしてあげることだ

生命《せいめい》の究極《きゅうきょく》の法則《ほうそく》たる
信仰《しんこう》を忘れないことだ
法則を外《はず》れた人は不幸《ふこう》である
法則に生《い》き抜《ぬ》いた人は
最後《さいご》は　幸福《こうふく》の天地《てんち》に到達《とうたつ》し
所願満足《しょがんまんぞく》の人生を
飾《かざ》ることができるからだ

要領《ようりょう》よき人の行《ゆ》く末《すえ》は

落《お》とし穴《あな》が待《ま》っている
不正《ふせい》に生きる人間の末路《まつろ》は
苦渋《くじゅう》の谷《たに》が待っている
誠実《せいじつ》に生き抜《ぬ》く人の未来《みらい》は
勝利《しょうり》の旗《はた》が待っている

だから　君《きみ》たちよ
勇気《ゆうき》を持て！
誠実に生き抜くことだ！
勇気とは
誠実とは
自分《じぶん》の決《き》めた　この道《みち》を
どこまでも貫《つらぬ》いていく
その決心《けっしん》の深《ふか》さだ

その持続《じぞく》の強《つよ》さだ
世界《せかい》は　君たちを知《し》っている
世紀《せいき》は　君たちを見《み》つめている

ゆえに
今《いま》は　勉学《べんがく》を！
今は　読書《どくしょ》を！
今は　体力《たいりょく》を！
君の決めた何か一つを！
若《わか》い翼《つばさ》を　鍛《きた》えに鍛えよ
歴史的《れきしてき》に有名《ゆうめい》な
学園《がくえん》「アカデメイア」を創立《そうりつ》した

かのプラトンは
「誰《だれ》か後継者《こうけいしゃ》を残《のこ》さないかぎり
その多大《ただい》な労苦《ろうく》も
束《つか》の間《ま》の　いのちに過《す》ぎない」と

わが創価大学《そうかだいがく》の
存在《そんざい》する八王子《はちおうじ》は
今《いま》や学園都市《がくえんとし》と言《い》われる如《ごと》く
有名《ゆうめい》な大学等が
数多《かずおお》く結集《けっしゅう》する
その使命《しめい》を同《おな》じくする学友《がくゆう》と
創価の学徒《がくと》は
有意義《ゆういぎ》に
人生《じんせい》を語《かた》り

学問《がくもん》を語り
仏法《ぶっぽう》を語り
未来《みらい》を語り合っている
学生部《がくせいぶ》の先輩《せんぱい》が
君《きみ》たちの広々《ひろびろ》とした道《みち》を
切《き》り開《ひら》いている

高等部《こうとうぶ》の諸君《しょくん》も　成長《せいちょう》している
中等部《ちゅうとうぶ》の皆《みな》さんも　光《ひか》っている
少年少女部《しょうねんしょうじょぶ》の若芽《わかめ》も　伸《の》びている

「生命《せいめい》の尊厳《そんげん》」
「人格《じんかく》の尊重《そんちょう》」
「友情《ゆうじょう》の深《ふか》さ・一生涯《いっしょうがい》の友情」

「暴力《ぼうりょく》の否定《ひてい》」
「知的《ちてき》・知性的人生《ちせいてきじんせい》たれ」――
この学園《がくえん》の五原則《げんそく》を
断固《だんこ》として実践《じっせん》しゆく人は
みな学園生だ

創価《そうか》の若《わか》き同志《どうし》は
学園生と一体《いったい》になって
黄金《おうごん》の魂《たましい》の輝《かがや》きを
互《たが》いに照《て》らし合《あ》っていく

君《きみ》たちから
はるか後継《こうけい》へと
脈々《みゃくみゃく》と続《つづ》く創価兄弟《きょうだい》の

悠久《ゆうきゅう》の流《なが》れの中に
私の生命《せいめい》は生《い》き続《つづ》けていく
その成長を見守《みまも》ることを
最高《さいこう》の命《いのち》の支《ささ》えとして
最大《さいだい》の心《こころ》の翼《つばさ》として
私は世界《せかい》を　翔《か》け続けよう！
君と　君たちと
共《とも》に離《はな》れずに！
永遠《えいえん》に共に！

ルネサンスの巨人《きょじん》
ダ・ヴィンチは言《い》った
「太陽《たいよう》は　決《けっ》して
いかなる影《かげ》をも　見ない」

君《きみ》たちは
未来《みらい》に輝《かがや》く
若《わか》き英知《えいち》の帝王《ていおう》
天真爛漫《てんしんらんまん》たる
太陽《たいよう》なのである

二〇〇〇年二月六日
沖縄《おきなわ》にて　桂冠詩人《けいかんしじん》

出典一覧

「北国新聞」　二〇〇〇年九月十二日掲載
「岐阜新聞」　二〇〇一年一月五日掲載
「毎日新聞」　二〇〇四年四月五日掲載
「埼玉新聞」　二〇〇四年一月十五日掲載
「神奈川新聞」　二〇〇三年三月二十七日掲載
『忘れえぬ出会い』毎日新聞社発行
『私の世界交友録』読売新聞社発行

著者紹介

池田大作（いけだ　だいさく）

1928年、東京生まれ。創価学会名誉会長、創価学会インタナショナル（ＳＧＩ）会長。創価大学、アメリカ創価大学、創価学園、民主音楽協会、東京富士美術館、東洋哲学研究所、戸田記念国際平和研究所などを創立。世界各国の指導者や知性との対話を重ね、平和、文化、教育運動を推進。「国連平和賞」、「ペルー太陽大十字勲章」などの国家勲章、世界の各都市から名誉市民の称号、「世界桂冠詩人」の称号など多数の賞や称号を受賞。

さらに、モスクワ大学、グラスゴー大学などの名誉博士、北京大学などの名誉教授をはじめ、世界の学問の府、学術機関から贈られた名誉学位記は既に300を超える。

主な著書に小説『人間革命』（全12巻）、『新・人間革命』（刊行中）、対談集は『二十一世紀への対話』（Ａ・トインビー）、『人間革命と人間の条件』（Ａ・マルロー）、『二十世紀の精神の教訓』（Ｍ・ゴルバチョフ）、『地球対談　輝く女性の世紀へ』（Ｈ・ヘンダーソン）など多数。また、『雪国の王子さま』『さくらの木』などの童話や青少年向けの著作も多い。

希望の世紀へ
　教育の光

2004年8月12日　初版第1刷発行
2012年7月16日　　　第5刷発行
著　者　池田大作
発行人　大島光明
発行所　株式会社　鳳書院
〒101-0061　東京都千代田区三崎町2－8－12
TEL 03(3264)3168
印刷所　光村印刷株式会社
製本所　大口製本印刷株式会社
＊落丁本、乱丁本はお取り換えいたします。

ISBN978-4-87122-135-1
Printed in Japan